FRANCE

ATLAS ROUTIER

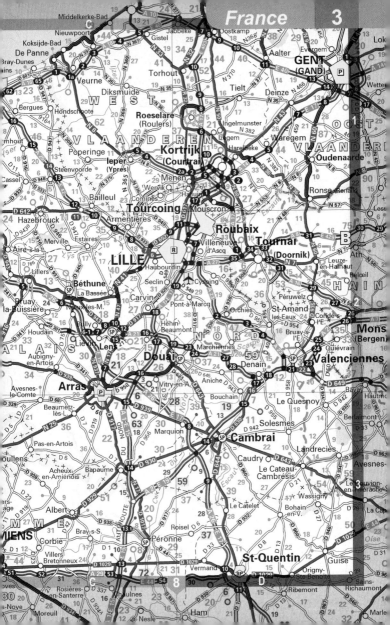

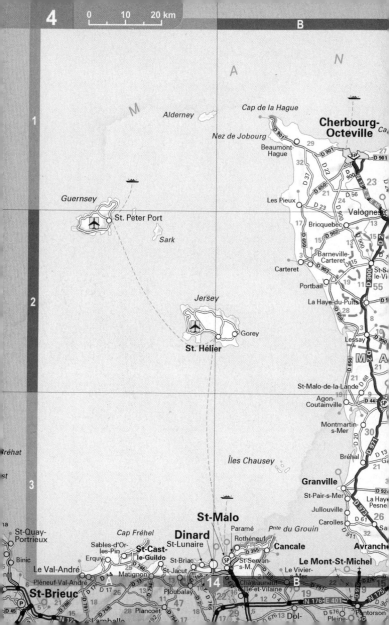

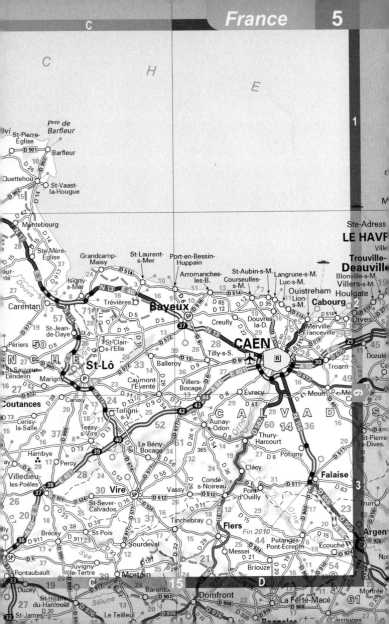

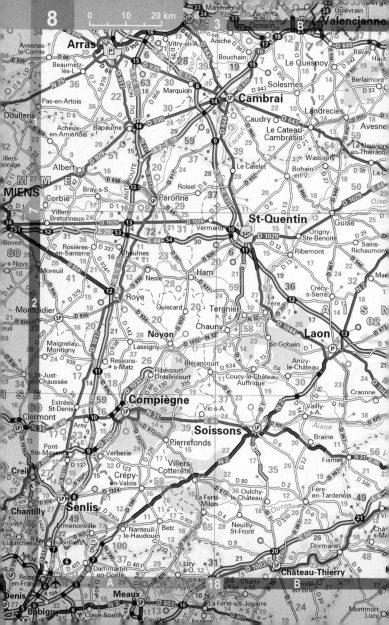

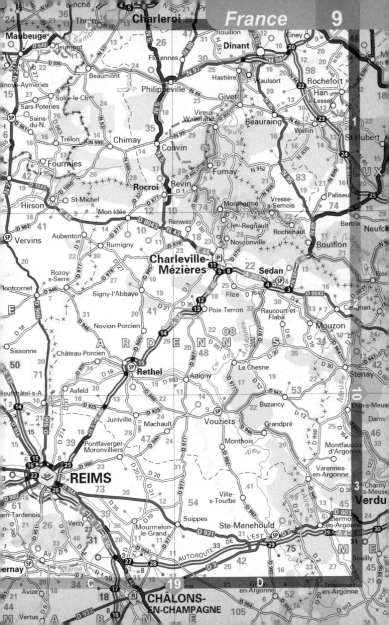

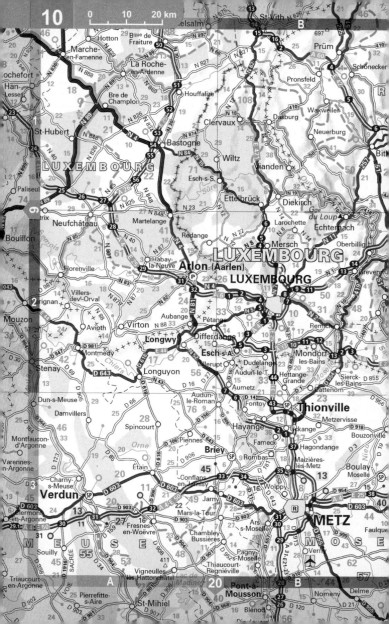

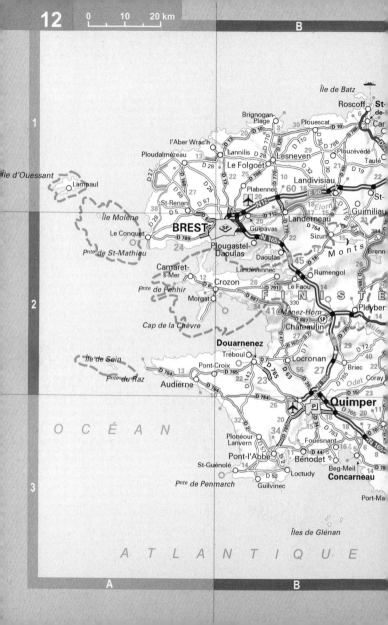

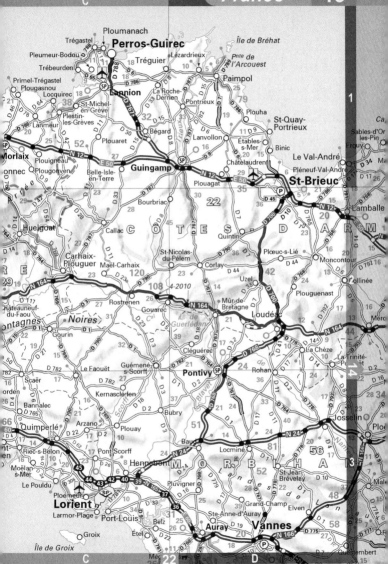

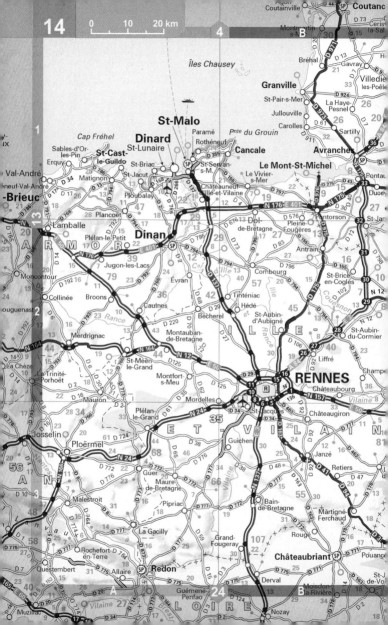

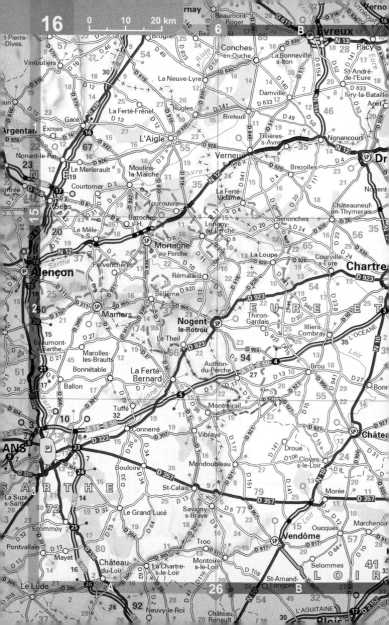

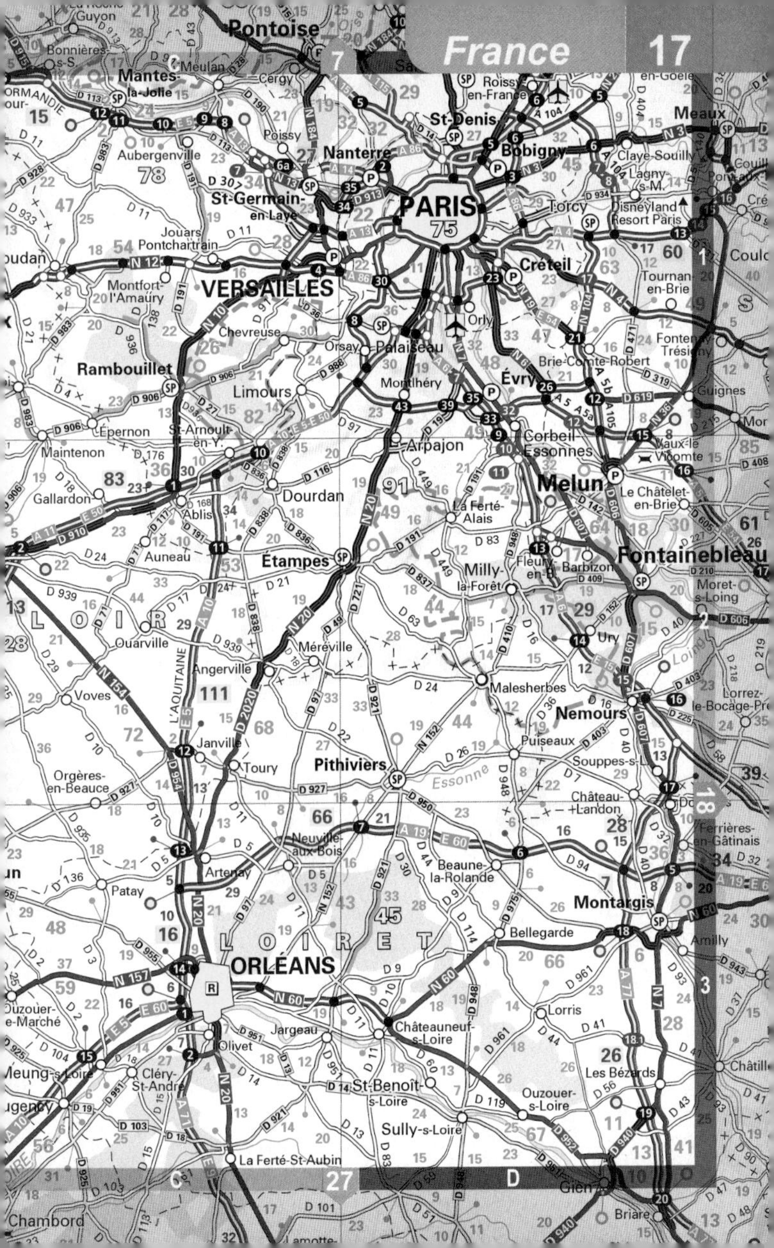
Pontoise
Guyon
Bonnières-s-S.
Mantes-la-Jolie
Meulan
Cergy
Roissy-en-France
St-Denis
Meaux
Bobigny
Claye-Souilly
Lagny-s-M.
Aubergenville
Poissy
Nanterre
St-Germain-en-Laye
PARIS
75
Torcy
Disneyland Resort Paris
Jouars Pontchartrain
Houdan
Créteil
Tournan-en-Brie
Montfort-l'Amaury
VERSAILLES
Chevreuse
Orsay
Palaiseau
Orly
Fontenay-Trésigny
Rambouillet
Limours
Montlhéry
Évry
Brie-Comte-Robert
Guignes
Épernon
St-Arnoult-en-Y.
Arpajon
Corbeil-Essonnes
Vaux-le-Vicomte
Maintenon
Melun
Le Châtelet-en-Brie
Gallardon
Ablis
Dourdan
La Ferté-Alais
Auneau
Étampes
Milly-la-Forêt
Fleury-en-B.
Barbizon
Fontainebleau
Moret-s-Loing
LOIR
Ouarville
Méréville
Ury
Angerville
Malesherbes
Voves
Nemours
Lorrez-le-Bocage-Pr.
Janville
Puiseaux
Toury
Pithiviers
Souppes-s-L.
Orgères-en-Beauce
Essonne
Château-Landon
Ferrières-en-Gâtinais
Neuville-aux-Bois
Beaune-la-Rolande
Artenay
Patay
Montargis
Amilly
LOIRET
45
ORLÉANS
Bellegarde
Ouzouer-le-Marché
Lorris
Jargeau
Châteauneuf-s-Loire
Olivet
Meung-s-Loire
Cléry-St-André
St-Benoît-s-Loire
Les Bézards
Châtillon
Beaugency
Ouzouer-s-Loire
Sully-s-Loire
La Ferté-St-Aubin
Gien
Briare
Chambord
Lamotte-
L'AQUITAINE
ORMANDIE
78
91
77
C
D
27
18

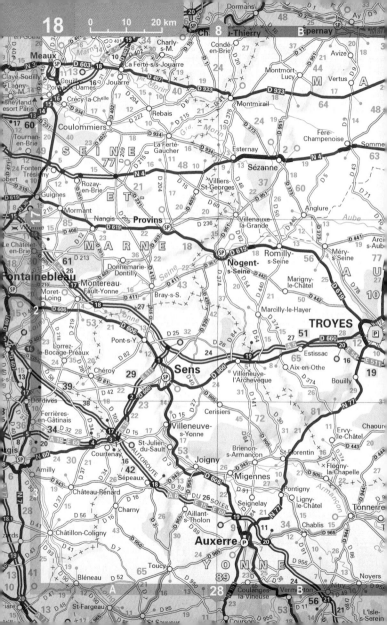

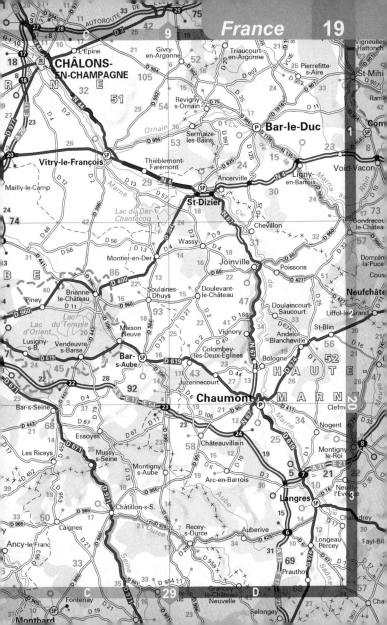

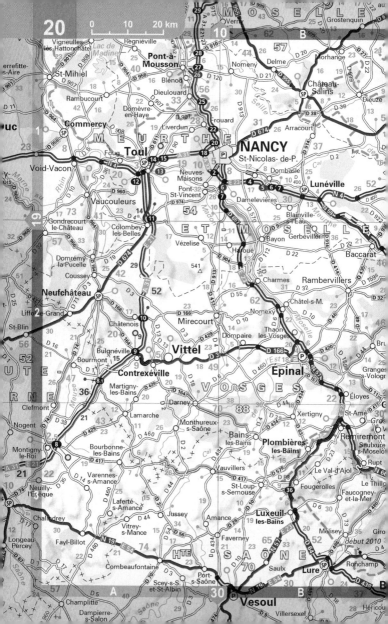

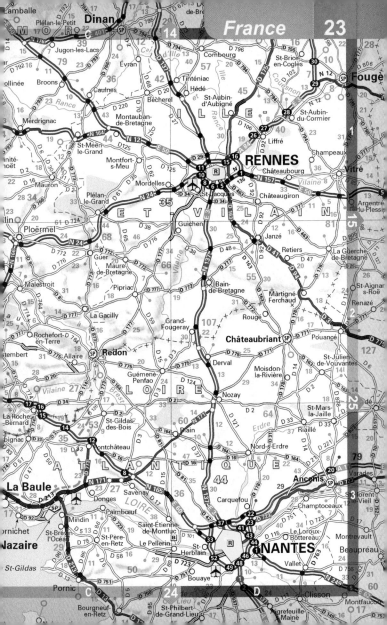

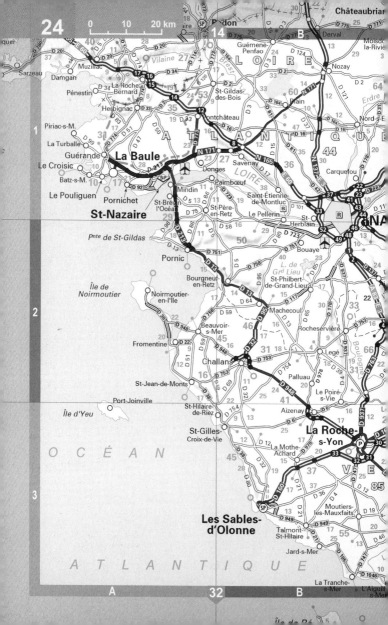

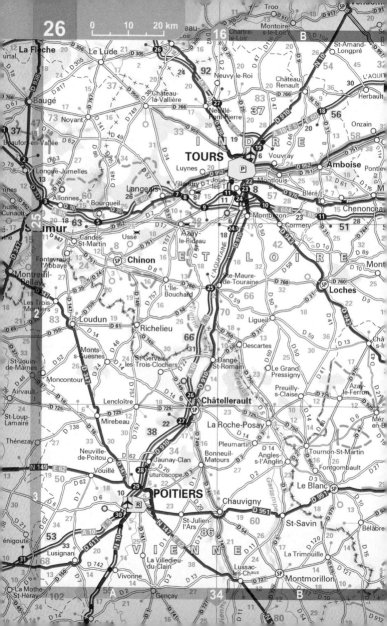

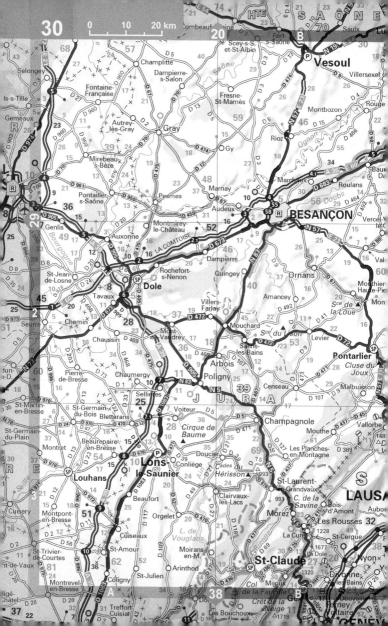

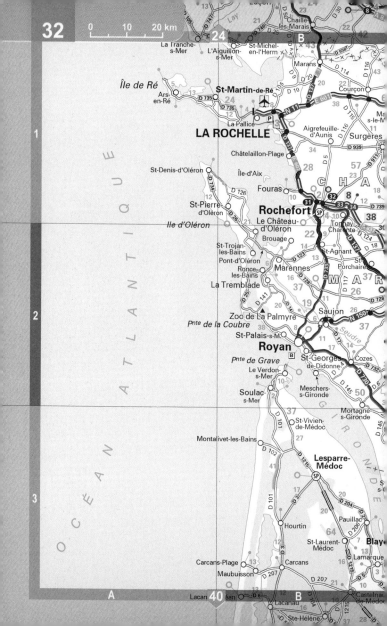

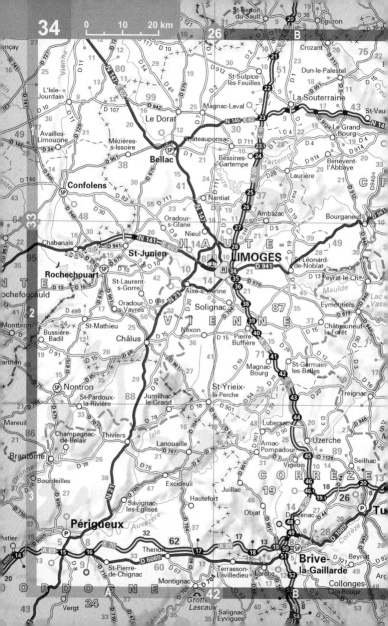

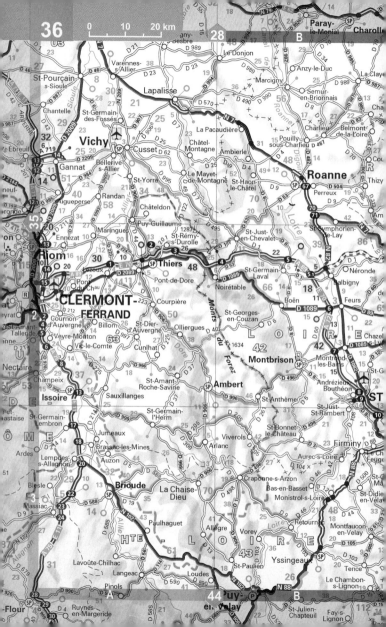

0   10   20 km

THONON-
LES-BAINS
Nyon   Yvoire   D 1005   le Gingolph
Col   les-B,   Ihollon-les-Mémises   2222
de la Faucille   Douvain   Abondance   D 22
Crêt de la   Ferney-   Le Biot   Châtel
Neige △1718   Voltaire   Pas de Morgins 15   1371
Les Bouchoux   Gex   D 909   Avoriaz   St-Maur
Dortan   Col   D 12   Champéry
Oyonnax   GENÈVE   Boëge   Les Gets   Morzine
St-Julien-   Annemasse   St-Jeoire   Taninges   Cirque du
Montréal-la-Cluse   en-G.   Reignier-   Samoëns   Fer à Chev
Collonges   Esery   Bonneville   D 907
Nantua   Mt Salève 26   Cluses   Vallorcine
Bellegarde   D 1206   Roche-   AUTOROUTE   74 Mt Buet △1461
Bge de Génissiat   s-Foron   11-5   61   Flaine
Frangy   Thorens-   C. de la   Plateau-d'Assy
Hauteville-   Glières   Colombière 2752   1613   Les Houches
Lompnes   Seyssel   Le Grd-Bornand   Sallanches   St-Gervais-
Grd   Veyrier-   La Clusaz   Mégève   les-B.   4810
Colombier   du-Lac   D 909   Les Contamines-
1531 △   ANNECY   Menthon-   Thônes   Col des   Montjoie   Pré-St
Rumilly   St-Bernard   Aravis 1488   Praz-sur-Arly
Culoz   Ruffieux   Sévrier   235   Flumet   Notre-Dame-   Cormet de
Alby-   Duingt   Talloires   Ugine   de-Bellecombe   Roselend   Col du
Belley   Chéran   Beaufort   1967   Pt Bernard
Yenne   Albens   Favergés   D 925
Le Bourget-   Hautecombe   2217 △   Roignais
du-Lac   Aix-les-Bains   Le Châtelard   ALBERTVILLE   2999 △
St-Genix   Mt Revard   Grésy-   Bourg-St-Maurice
La Féclaz   1537   s-Isère   Aime   Les Arcs
Les Abrets   Chambéry   Col   18   Mt Pourri
Aiguebelette   du Frêne   Moûtiers   La Plagne   3779
Le Pont-   le-Lac   950   Challes-   Aiguebelle   Brides-   Tignes
de-Beauvoisin   les-Eaux   Albigny   La Léchère   les-Bains   Val-d
Pontcharra   Montmélian   32   Bozel   Grde
St-Georges-   Les Échelles   La Rochette   C. de la   Méribel   Pralognan-
en-Valdaine   Madeleine   St-François-   la-Vanoise
Voiron   St-Laurent-du-P.   Longchamp   73   St-Martin-   Courchevel
Le Touvet   Allevard   de-Belleville   Les Menuires   Val-Thorens
Voreppe   St-Pierre-   Goncelin   La Chambre   Massif   3684
de-Chartreuse   1326   Belledonne   La Toussuire   St-Jean-   de
C. de Porte   La Toussuire   de-Maurienne   St-Michel-de-Maurienne
GRENOBLE   Domène   C. du Glandon   1924   Modane
Uriage   2978   Col de la   Valloire   3508
Chamrousse   Croix de Fer   14   T. du Fréjus
Le Pont-   3468   Mt Thabor   11
de-Claix   Vizille   Alpe-d'Huez   2616   Col du Galibier   3181   Bardonecchia
Villard-   Vif   Le Bourg-   La Grave   Névache   Oulx
de-Lans   Laffrey   d'Oisans   Bge du   La Meije   Col du   Le Monêtier-   Cesana
La Chamb   Lautaret   Bains   Montgenèvre   Clavière
La Bérarde   3465   Les Deux-Alpes   46   Les Écrins   Chantemerle
Montgenèvre

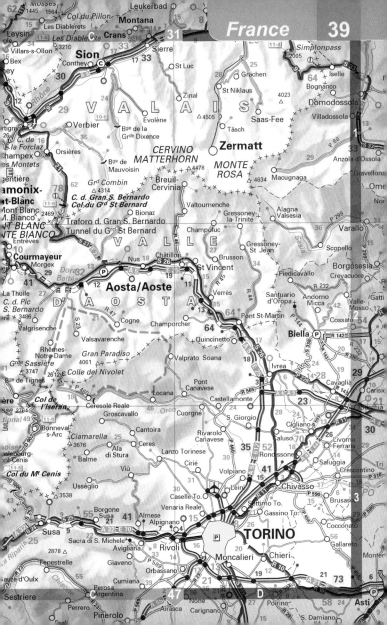

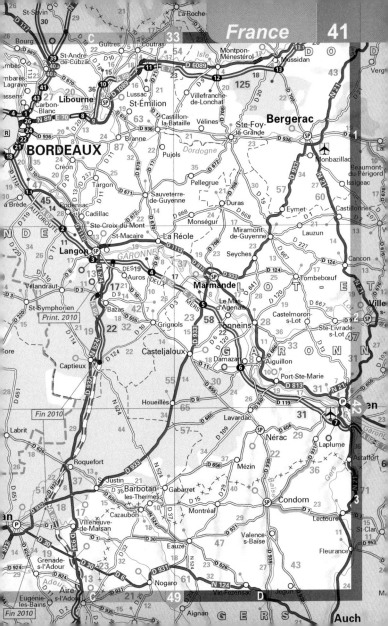

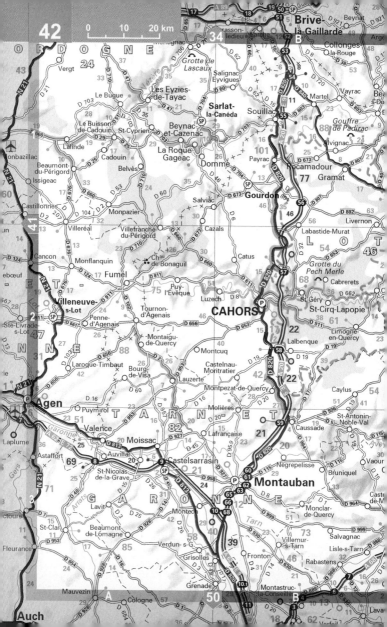

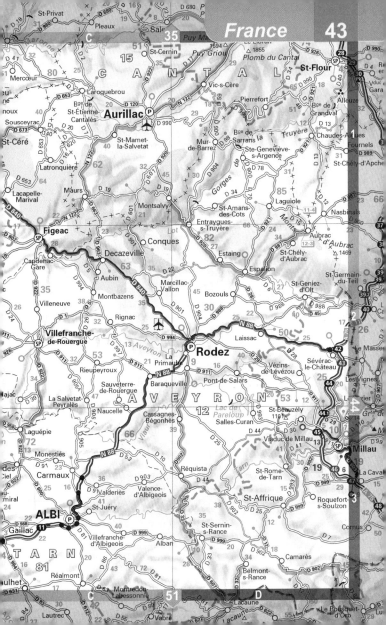

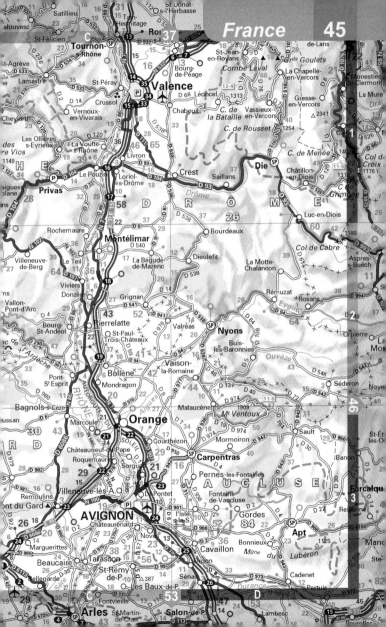

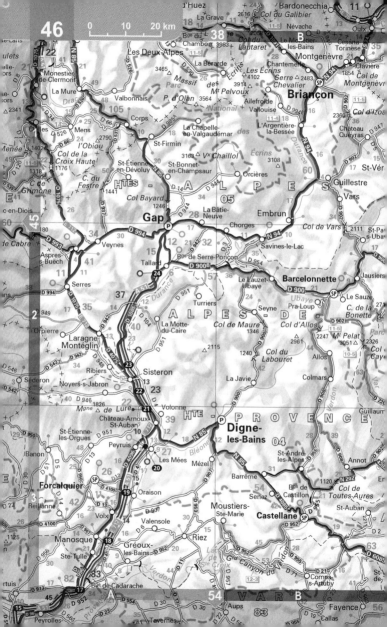

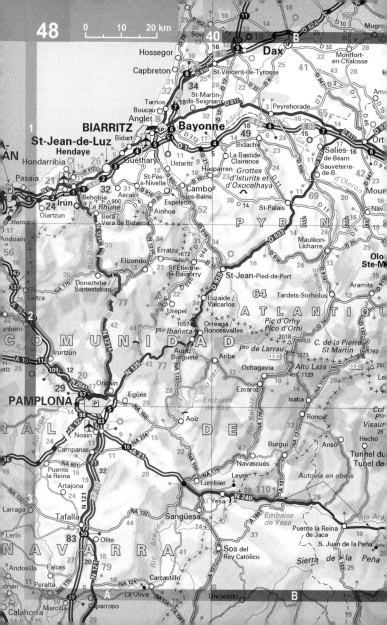

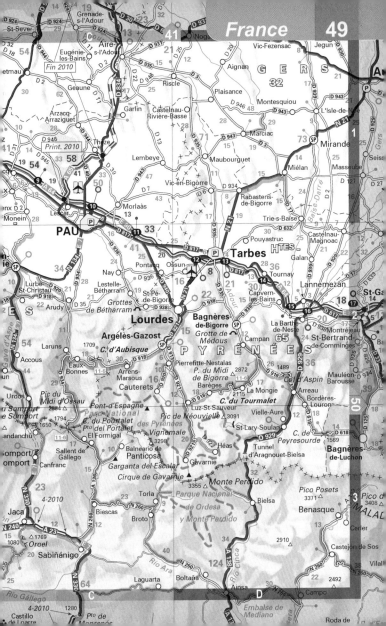

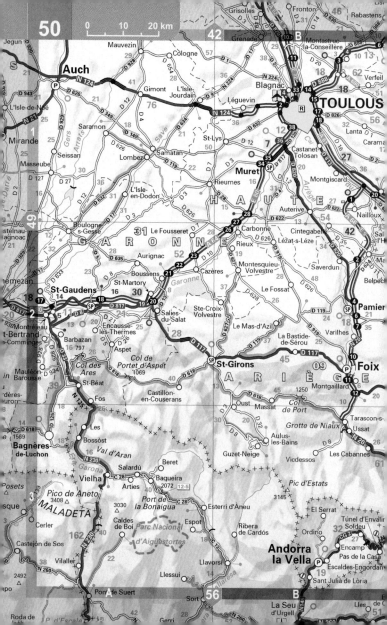

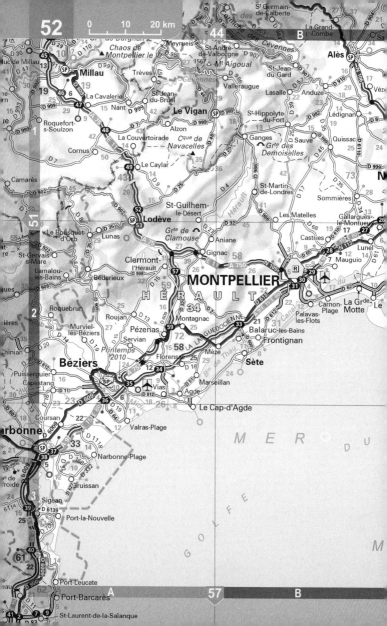

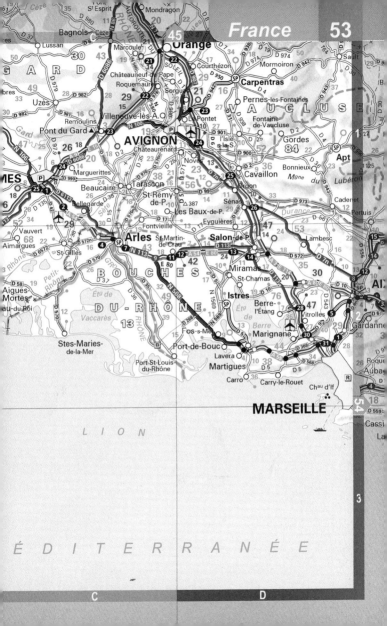

CORSE

BASTIA

HAUTE-CORSE (2B)

CORSE-DU-SUD (2A)

AJACCIO

St-Florent
L'Île-Rousse
Calvi
Belgodère
Sto-Pietro-di-Tenda
Murato
Oletta
Rogliano
Pino
Luri
Nonza
Erbalunga

Muro
Calenzana
Ponte-Leccia
Morosaglia
La Porta
Piedicroce
Vescovato
Carvione

Mte Cinto
Scala di Santa Regina
Calacuccia
Col de Vergio
Corte
Venaco
Mte Rotondo
Vivario

Golfe de Porto
les Calanche
Porto
Piana
Ota
Soccia
Col de Vizzavona
Vizzavona
Ghisoni
Vezzani
Aléria

Cargèse
Vico
Printempo
Bocognano
Mte Renoso
Col de Verde
Chisonaccia

Sari-d'Orcino
Bastelica
Ste-Marie-Siché
Zicavo
Mte Incudine
Solenzara

Îles Sanguinaires
Petreto-Bicchisano
Aullène
Col de Bavella
Zonza

Olmeto
Levie
Ste-Lucie-de-Tallano

Propriano
Sartène
Porto-Vecchio

Bonifacio

Échelle 1/1 540 000

Grasse
St-Vallier-de-Thiey
Le Bar-s.-Loup
St-Paul
Vence
Cagnes-s.-M.
St-Jean-Cap-Ferrat
Villefranche-s.-M.
NICE
Mougins
Antibes
Mandelieu
la-Napoule
Juan-les-Pins
Cap d'Antibes
La Napoule
Golfe-Juan
Lérins
CANNES
Théoule-s.-Mer
Miramar
Le Trayas
Agay
Esterel
Fréjus
St-Raphaël
St-Aygulf
Les Issambres
Ste-Maxime
St-Tropez
Ramatuelle
Cap Camarat

Gorges du Loup

CORSE

Cap Corse

MÉDITERRANÉE

Distance chart (in kilometres) between French cities.

	Amiens	Angers	Bayonne	Besançon	Bordeaux	Brest	Caen	Calais	Cherbourg	Clermont-Ferrand	Dijon	Grenoble	Le Havre	Lille	Limoges	Lyon	Le Mans	Marseille
Angers	422																	
Bayonne	884	563																
Besançon	551	647	915															
Bordeaux	704	383	191	734														
Brest	629	378	830	962	633													
Caen	256	254	775	648	596	376												
Calais	167	512	1033	651	854	719	345											
Cherbourg	379	375	880	770	682	426	125	468										
Clermont-Ferrand	557	448	550	368	371	834	594	708	720									
Dijon	471	551	835	94	670	865	550	574	674	305								
Grenoble	710	730	824	318	688	1123	808	870	932	298	303							
Le Havre	185	331	852	610	673	469	96	274	220	573	514	770						
Lille	139	514	967	582	788	763	390	111	513	642	505	798	319					
Limoges	527	265	407	498	227	650	490	678	610	227	434	542	541	610				
Lyon	600	578	749	257	567	1013	698	760	822	178	193	115	661	693	423			
Le Mans	335	96	608	577	428	397	166	424	286	434	481	713	242	426	322	562		
Marseille	912	908	697	541	647	1285	1009	1072	1132	476	504	274	972	1004	609	314	893	
	360	618	1071	269	892	915	569	462	692	570	273	566	541	366	715	459	529	770
	882	773	531	529	482	1120	919	1033	1039	335	492	297	896	966	434	303	758	171
	547	731	1039	136	857	1028	713	684	837	492	219	434	676	597	620	381	642	694
	375	633	1066	208	881	896	550	478	674	516	219	512	556	420	644	405	510	716
	509	90	513	735	334	299	294	598	341	537	638	817	386	601	351	666	186	969
	1067	1063	852	669	803	1441	1165	1227	1289	631	660	328	1128	1161	765	471	1048	204
	269	245	626	406	447	542	320	420	444	299	310	566	283	353	269	458	144	758
	135	295	749	411	569	592	234	289	357	423	315	571	197	222	392	463	206	775
	983	753	497	677	447	1085	978	1134	1098	436	640	444	998	1067	493	451	810	318
	173	432	886	378	706	729	383	275	506	535	301	594	355	209	529	487	343	798
	441	134	629	723	450	243	188	530	236	596	627	875	280	574	422	725	160	1049
	124	298	820	544	640	500	127	213	251	507	448	704	90	258	477	596	209	908
	623	581	720	289	538	960	727	820	847	149	253	156	704	754	394	64	565	334
	518	776	1153	249	971	1073	727	621	850	606	333	534	699	524	734	495	687	808
	976	972	761	605	711	1350	1073	1136	1197	540	568	329	1036	1069	674	379	957	67
	815	553	299	737	247	885	778	966	898	376	674	530	829	899	294	537	610	406
	373	123	515	518	336	498	264	522	384	341	421	621	341	457	230	470	97	800

DISTANCES ENTRE PRINCIPALES VILLES

Les distances sont comptées à partir du centre-ville et par la route la plus pratique, c'est-à-dire celle qui offre les meilleures conditions de roulage, mais qui n'est pas nécessairement la plus courte.

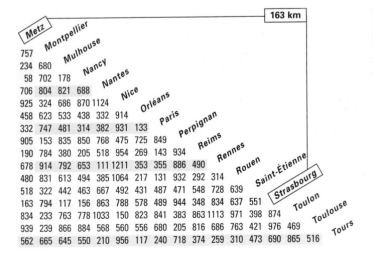

163 km

Metz	Montpellier	Mulhouse	Nancy	Nantes	Nice	Orléans	Paris	Perpignan	Reims	Rennes	Rouen	Saint-Étienne	Strasbourg	Toulon	Toulouse	Tours
757																
234	680															
58	702	178														
706	804	821	688													
925	324	686	870	1124												
458	623	533	438	332	914											
332	747	481	314	382	931	133										
905	153	835	850	768	475	725	849									
190	784	380	205	518	954	269	143	934								
678	914	792	653	111	1211	353	355	886	490							
480	831	613	494	385	1064	217	131	932	292	314						
518	322	442	463	667	492	431	487	471	548	728	639					
163	794	117	156	863	788	578	489	944	348	834	637	551				
834	233	763	778	1033	150	823	841	383	863	1113	971	398	874			
939	239	866	884	568	560	556	680	205	816	686	763	421	976	469		
562	665	645	550	210	956	117	240	718	374	259	310	473	690	865	516	

Index des noms de lieux

Localité ⟶ Achmelvich .... 84 E 9 ⟵ Coordonnées de carroyage

Numéro de page ⏐

A

Abbeville	2	B 3
L'Aber-Wrac'h	12	A 1
Ablis	17	C 2
Abondance	38	B 1
Abreschviller	21	C 1
Les Abrets	37	D 2
Abriès	47	C 1
Accous	49	C 2
Acheux-en-Amiénois	3	C 3
Agay	55	C 1
Agde	52	A 2
Agen	41	D 3
Agon-Coutainville	4	B 3
Ahun	35	C 1
L'Aigle	16	A 1
Aigle (Barrage de l')	35	C 3
Aignan	49	D 1
Aignay-le-Duc	29	D 1
Aigoual (Mont)	44	A 3
Aigre	33	D 2
Aigrefeuille-d'Aunis	32	B 1
Aigrefeuille-sur-Maine	24	B 2
Aiguebelette-le-Lac	38	A 2
Aiguebelle	38	B 2
Aigueperse	36	A 1
Aigues-Mortes	52	B 2
Aiguilles	47	C 1
Aiguillon	41	D 2
L'Aiguillon-sur-Mer	32	B 1
Aigurande	27	C 3
Ailefroide	46	B 1
Aillant-sur-Tholon	18	A 3
Ailly-le-Haut-Clocher	2	B 3
Ailly-sur-Noye	7	D 2
Aimargues	53	C 2
Aime	38	B 2
Ainhoa	48	A 1
Airaines	2	B 3
Aire-sur-la-Lys	3	C 2
Aire-sur-l'Adour	49	C 2
Airvault	25	D 3

Aix (Ile d')	32	B 1
Les Aix-d'Angillon	28	A 2
Aix-en-Othe	18	B 2
Aix-en-Provence	54	A 1
Aix-les-Bains	38	A 2
Aixe-sur-Vienne	34	A 2
Aizenay	24	B 3
Ajaccio	55	D 3
Alban	43	C 3
Albens	38	A 2
Albert	3	C 3
Albertville	38	B 2
Albestroff	11	C 3
Albi	43	C 3
Alby-sur-Chéran	38	A 2
Alençon	15	D 2
Aléria	55	D 2
Alès	44	B 3
Alise-Ste-Reine	29	D 1
Allaire	14	A 3
Allanche	35	D 3
Allègre	36	B 3
Alleuze	43	D 1
Allevard	38	A 3
Allonnes	26	A 1
Allos	46	B 2
Allos (Col d')	46	B 2
Alpe-d'Huez	38	A 3
Altkirch	21	C 3
Alvignac	42	B 1
Alzon	44	A 3
Alzonne	51	C 2
Amance	20	B 3
Amancey	30	B 2
Ambarès-et-Lagrave	41	C 1
Ambazac	34	B 2
Ambérieu-en-Bugey	37	D 1
Ambert	36	B 2
Ambès	41	C 1
Ambierle	36	B 1
Amboise	26	B 1
Ambrières-les-Vallées	15	C 2
Amélie-les-Bains-Palalda	51	D 3

Amiens	2	B 3
Amilly	18	A 3
Amou	48	B 1
Amphion-les-Bains	31	C 3
Amplepuis	36	B 1
Ancenis	23	D 3
Ancerville	19	D 1
Ancy-le-Franc	19	C 3
Andelot	19	D 2
Les Andelys	7	C 3
Andernos-les-Bains	40	B 1
Andrézieux-Bouthéon	36	B 2
Anduze	44	B 3
Anet	17	C 1
Angers	25	D 1
Angerville	17	C 2
Anglès	51	D 1
Angles-sur-l'Anglin	26	B 3
Anglet	48	A 1
Anglure	18	B 1
Angoulême	33	D 2
Aniane	52	A 2
Aniche	3	D 2
Anizy-le-Château	8	B 2
Annecy	38	A 2
Annemasse	38	A 1
Annonay	37	C 3
Annot	46	B 3
Anse	37	C 2
Antibes	55	C 1
Antibes (Cap d')	55	C 1
Antraigues-sur-Volane	45	C 1
Antrain	14	B 2
Anzy-le-Duc	36	B 2
Apt	45	D 3
Aramits	48	B 2
Aravis (Col des)	38	B 2
Arbois	30	B 2
L'Arbresle	37	C 2
Arc-en-Barrois	19	D 3
Arcachon	40	B 1
Archiac	33	C 2
Arcis-sur-Aube	19	C 2

L'Arcouest *(Pointe de)* .... **13** D 1
Les Arcs *(Savoie)* .... **38** B 2
Les Arcs *(Var)* .... **54** B 1
Ardentes .... **27** C 3
Ardes .... **36** A 3
Ardres .... **2** B 1
Arès .... **40** B 1
Ares *(Col des)* .... **50** A 2
Argelès-Gazost .... **49** C 2
Argelès-sur-Mer .... **57** D 3
Argent-sur-Sauldre .... **27** C 1
Argentan .... **15** D 1
Argentat .... **35** C 3
Argentière .... **39** C 1
L'Argentière-la-Bessée .... **46** B 1
Argenton-Château .... **25** D 2
Argenton-sur-Creuse .... **27** C 3
Argentré-du-Plessis .... **15** C 3
Argueil .... **7** C 2
Arinthod .... **30** A 3
Arlanc .... **36** B 3
Arlempdes .... **44** B 1
Arles .... **53** C 2
Arles-sur-Tech .... **51** D 3
Armentières .... **3** C 2
Arnac-Pompadour .... **34** B 3
Arnay-le-Duc .... **29** D 2
Arpajon .... **17** D 1
Arques .... **2** B 1
Arques-la-Bataille .... **2** A 3
Arracourt .... **20** B 1
Arras .... **3** C 3
Arreau .... **49** D 2
Arrens-Marsous .... **49** C 2
Arromanches-les-Bains .... **5** D 2
Ars-en-Ré .... **32** A 1
Ars-sur-Moselle .... **10** B 3
Arsy .... **8** A 3
Artenay .... **17** C 3
Arudy .... **49** C 2
Arzacq-Arraziguet .... **49** C 1
Arzano .... **13** C 3
Ascain .... **48** A 1
Asco .... **55** D 2
Asfeld .... **9** C 2
Aspet .... **50** A 2
Aspin *(Col d')* .... **49** D 2
Astaffort .... **42** A 3
Attigny .... **9** C 2
Aubagne .... **54** A 2
Aubenas .... **45** C 2

Aubenton .... **9** C 2
Aubergenville .... **17** C 1
Auberive .... **19** D 3
Aubeterre-sur-Dronne .... **33** D 3
Aubigny-sur-Nère .... **27** D 1
Aubin .... **43** C 2
Aubisque *(Col d')* .... **49** C 2
Aubrac .... **43** D 2
Aubusson .... **35** C 2
Auch .... **50** A 1
Audenge .... **40** B 1
Audeux .... **30** B 1
Audierne .... **12** A 2
Audincourt .... **31** C 1
Audruicq .... **2** B 1
Audun-le-Roman .... **10** A 3
Audun-le-Tiche .... **10** B 2
Aullène .... **55** D 3
Aulnay .... **33** C 1
Aulnoye-Aymeries .... **8** B 1
Ault .... **2** A 3
Aulus-les-Bains .... **50** B 3
Aumale .... **7** C 2
Aumetz .... **10** B 3
Aumont-Aubrac .... **44** A 1
Aunay-sur-Odon .... **5** D 3
Auneau .... **17** C 2
Auneuil .... **7** D 3
Aups .... **54** B 1
Auray .... **13** D 3
Aurec-sur-Loire .... **36** B 3
Aurignac .... **50** A 2
Aurillac .... **43** C 2
Auron .... **47** C 3
Auros .... **41** C 2
Auterive .... **50** B 1
Authon-du-Perche .... **16** B 2
Autrans .... **37** D 3
Autrey-lès-Gray .... **30** A 1
Autun .... **29** C 2
Auvillar .... **42** A 3
Auxerre .... **18** B 3
Auxi-le-Château .... **2** B 3
Auxonne .... **30** A 2
Auzances .... **35** D 1
Auzon .... **36** A 3
Availles-Limouzine .... **34** A 1
Avallon .... **29** C 1
Aven Armand .... **44** A 2
Avesnes-le-Comte .... **3** C 3
Avesnes-sur-Helpe .... **9** C 1

Avignon .... **45** C 3
Avioth .... **10** A 2
Avize .... **18** B 1
Avord .... **28** A 2
Avoriaz .... **38** B 1
Avranches .... **5** C 3
Ax-les-Thermes .... **51** C 3
Axat .... **51** C 3
Ay .... **9** C 3
Azay-le-Ferron .... **26** B 2
Azay-le-Rideau .... **26** A 2

B

Baccarat .... **20** B 2
Bacqueville-en-Caux .... **6** B 2
Badonviller .... **21** C 1
Bâgé-le-Châtel .... **37** C 1
Bagnères-de-Bigorre .... **49** D 2
Bagnères-de-Luchon .... **50** A 3
Bagnoles-de-l'Orne .... **15** D 1
Bagnols-les-Bains .... **44** A 2
Bagnols-sur-Cèze .... **45** C 3
Baignes-Ste-Radegonde .... **33** C 3
Baigneux-les-Juifs .... **29** D 1
Bailleul .... **3** C 1
Bain-de-Bretagne .... **14** B 3
Bains-les-Bains .... **20** B 3
Bais .... **15** D 2
Balaruc-les-Bains .... **52** C 2
Balbigny .... **36** B 2
Balleroy .... **5** C 2
Ballon .... **16** A 2
Ballon d'Alsace .... **21** C 3
Bandol .... **54** A 2
Bannalec .... **13** C 3
Banon .... **46** A 3
Banyuls-sur-Mer .... **57** D 3
Bapaume .... **3** C 3
Bar-le-Duc .... **19** D 1
Bar-sur-Aube .... **19** C 2
Le Bar-sur-Loup .... **47** C 3
Bar-sur-Seine .... **19** C 3
Baraqueville .... **43** C 2
Barbazan .... **50** A 2
Barbezieux .... **33** C 3
Barbizon .... **17** D 2
Barbotan-les-Thermes .... **41** C 3
Barcelonnette .... **46** B 2
Barèges .... **49** D 2
Barentin .... **6** B 2
Barenton .... **15** C 1

Barfleur ....5 C 1
Barfleur *(Pointe de)* ....5 C 1
Barjac ....45 C 2
Barjols ....54 A 1
Barneville-Carteret ....4 B 2
Barr ....21 D 2
Barre-des-Cévennes ....44 A 2
Barrême ....46 B 3
La Barthe-de-Neste ....49 D 2
Bas-en-Basset ....36 B 3
La Bassée ....3 C 2
Bassens ....41 C 1
Bastelica ....55 D 3
Bastia ....55 D 1
La Bastide-Clairence ....48 B 1
La Bastide-de-Sérou ....50 B 2
Bataille *(Col de la)* ....45 D 1
La Bâtie-Neuve ....46 B 2
Batz *(Ile de)* ....12 B 1
Batz-sur-Mer ....22 B 3
Baud ....13 D 3
Baugé ....25 D 1
Baugy ....28 A 2
La Baule ....23 C 3
Baume *(Cirque de)* ....30 A 3
Baume-les-Dames ....30 B 1
Les Baux-de-Provence ....53 C 1
Bavay ....3 C 3
Bavella *(Col de)* ....55 D 3
Bayard *(Col)* ....46 A 1
Bayeux ....5 D 2
Bayon ....20 B 2
Bayonne ....48 A 1
Bazas ....41 C 2
Bazoches-sur-Hoëne ....16 A 2
Beaucaire ....45 C 3
Beaufort *(Jura)* ....30 A 3
Beaufort *(Savoie)* ....38 B 2
Beaufort-en-Vallée ....25 D 1
Beaugency ....17 C 3
Beaujeu ....37 C 1
Beaulieu-sur-Dordogne ......42 B 1
Beaulieu-sur-Mer ....47 D 3
Beaumesnil ....16 A 1
Beaumetz-lès-Loges ....3 C 3
Beaumont-de-Lomagne ....42 A 3
Beaumont-du-Périgord ....42 A 1
Beaumont-Hague ....4 B 1
Beaumont-le-Roger ....6 B 3
Beaumont-sur-Oise ....7 D 3
Beaumont-sur-Sarthe ....15 D 2

Beaune ....29 D 2
Beaune-la-Rolande ....17 D 3
Beaupréau ....25 C 2
Beaurepaire ....37 D 3
Beaurepaire-en-Bresse ....30 A 3
Le Beausset ....54 A 2
Beauvais ....7 D 3
Beauvoir-sur-Mer ....24 A 2
Beauvoir-sur-Niort ....33 C 1
Le Bec-Hellouin ....6 B 3
Bécherel ....14 A 2
Bédarieux ....52 A 2
Beg-Meil ....12 B 3
Bégard ....13 C 1
La Bégude-de-Mazenc ....45 C 2
Bélâbre ....26 B 3
Belcaire ....51 C 3
Belfort ....21 C 3
Belgodère ....55 D 2
Belin-Béliet ....40 B 2
Bellac ....34 A 1
Belle-Isle-en-Terre ....13 C 1
Bellegarde *(Gard)* ....53 C 1
Bellegarde *(Loiret)* ....17 D 3
Bellegarde-en-Marche ....35 C 1
Bellegarde-sur-Valserine .....38 A 1
Bellême ....16 A 2
Bellencombre ....7 C 2
Bellerive-sur-Allier ....36 A 1
Belleville ....37 C 1
Belley ....38 A 2
Belmont-de-la-Loire ....36 B 1
Belmont-sur-Rance ....43 D 1
Belpech ....51 C 2
Belvès ....42 A 1
Belz ....13 C 3
Bénévent-l'Abbaye ....34 B 1
Benfeld ....21 D 2
Bénodet ....12 B 3
Le Bény-Bocage ....5 C 3
La Bérarde ....46 B 1
Berck-Plage ....2 A 2
Bergerac ....41 D 1
Bergues ....3 C 1
Berlaimont ....8 B 1
Bernaville ....2 B 3
Bernay ....6 B 3
Berre-l'Étang ....53 D 2
Besançon ....30 B 1
Besse-et-St-Anastaise ....35 D 3
Besse-sur-Issole ....54 B 1

Bessèges ....44 B 2
Bessines-sur-Gartempe ....34 B 1
Bétharram *(Grottes de)* .....49 C 2
Béthune ....3 C 2
Betz ....8 A 3
Beuil ....47 C 3
Beuvray *(Mont)* ....29 C 2
Beuzeville ....6 A 3
Beynac-et-Cazenac ....42 A 1
Beynat ....34 B 3
Les Bézards ....17 D 3
Béziers ....52 A 2
Biarritz ....48 A 1
Bidache ....48 B 1
Bidart ....48 A 1
Bierné ....15 C 3
Bierre-lès-Semur ....29 C 1
Billom ....36 A 2
Binic ....13 D 1
Le Biot ....38 B 1
Biscarrosse ....40 B 2
Biscarrosse-Plage ....40 A 2
Bischwiller ....21 D 1
Bitche ....11 D 3
Blagnac ....50 B 1
Blain ....23 D 3
Blainville-sur-l'Eau ....20 B 1
Blâmont ....21 C 1
Le Blanc ....26 B 3
Blangy-le-Château ....6 A 3
Blangy-sur-Bresle ....2 A 3
Blanquefort ....40 B 1
Blanzac ....33 D 3
Blanzy ....29 C 3
Blaye ....33 C 3
Bléneau ....28 A 1
Blénod-lès-Pont-à-Mousson 20 A 1
Blérancourt ....8 A 2
Bléré ....26 B 1
Blesle ....36 A 3
Bletterans ....30 A 3
Le Bleymard ....44 A 1
Bligny-sur-Ouche ....29 D 2
Blois ....27 C 1
Blonville-sur-Mer ....6 A 3
Bobigny ....17 D 1
Bocognano ....55 D 2
Boëge ....38 B 1
Boën ....36 B 2
Bohain-en-Vermandois ....3 D 3
Bois-d'Amont ....30 B 3

Bolbec .... 6 A 2
Bollène .... 45 C 2
Bologne .... 19 D 2
Bonaguil *(Château de)*........ 42 A 2
Bonifacio .... 55 D 3
Bonnat .... 35 C 1
Bonnétable .... 16 A 2
Bonneuil-Matours .... 26 A 3
Bonneval *(Eure-et-Loir)* ...... 16 B 2
Bonneval *(Savoie)* .... 38 B 2
Bonneville .... 38 B 1
La Bonneville-sur-Iton ...... 16 B 1
Bonnières-sur-Seine .... 7 C 3
Bonnieux .... 45 D 3
Boos .... 6 B 3
Bordeaux .... 41 C 1
Bordères-Louron .... 49 D 2
Le Boréon .... 47 C 2
Bormes-les-Mimosas .... 54 B 2
Bort-les-Orgues .... 35 D 3
Bouaye .... 23 D 3
Boucau .... 48 A 1
Bouchain .... 3 D 3
Les Bouchoux .... 38 A 1
Bouilly .... 18 B 2
Boulay-Moselle .... 10 B 3
Boulogne-sur-Gesse .... 50 A 2
Boulogne-sur-Mer .... 2 A 1
Bouloire .... 16 A 3
Le Boulou .... 51 D 3
Bourbon-Lancy .... 28 B 3
Bourbon-l'Archambault ..... 28 A 3
Bourbonne-les-Bains .... 20 A 3
La Bourboule .... 35 D 2
Bourbourg .... 2 B 1
Bourbriac .... 13 C 2
Bourdeaux .... 45 C 2
Bourdeilles .... 34 A 3
Bourg .... 41 C 1
Bourg-Achard .... 6 B 3
Bourg-Argental .... 37 C 3
Bourg-de-Péage .... 45 D 1
Bourg-de-Visa .... 42 A 2
Le Bourg-d'Oisans .... 38 A 3
Bourg-en-Bresse .... 37 D 1
Bourg-Lastic .... 35 D 2
Bourg-Madame .... 56 B 3
Bourg-St-Andéol .... 45 C 2
Bourg-St-Maurice .... 38 B 3
Bourganeuf .... 34 B 2
Bourges .... 27 D 2

Le Bourget-du-Lac .... 38 A 2
Bourgneuf-en-Retz .... 24 B 2
Bourgoin-Jallieu .... 37 D 2
Bourgtheroulde-Infreville .... 6 B 3
Bourgueil .... 26 A 1
Bourmont .... 20 A 2
Le Bousquet-d'Orb .... 52 A 2
Boussac .... 35 C 1
Boussens .... 50 A 2
Bouxwiller .... 21 D 1
Bouzonville .... 10 B 3
Boves .... 7 D 2
Bozel .... 38 B 3
Bozouls .... 43 D 2
Bracieux .... 27 C 1
Braine .... 8 B 3
Brancion .... 29 D 3
Branne .... 41 C 1
Brantôme .... 34 A 3
Brassac .... 51 D 1
Brassac-les-Mines .... 36 A 3
Braus *(Col de)* .... 47 D 3
Bray-Dunes .... 3 C 1
Bray-sur-Seine .... 18 A 2
Bray-sur-Somme .... 3 C 3
Brécey .... 5 C 3
La Brède .... 41 C 1
Bréhal .... 4 B 3
Bréhat *(Ile de)*................. 13 D 1
Breil-sur-Roya .... 47 D 3
Brennilis .... 12 B 2
Brénod .... 37 D 1
Bresles .... 7 D 3
La Bresse .... 21 C 3
Bressuire .... 25 D 2
Brest .... 12 B 2
Bretenoux .... 42 B 1
Breteuil .... 7 D 2
Breteuil-sur-Iton .... 16 B 1
Brézolles .... 16 B 1
Briançon .... 46 B 1
Briare .... 28 A 1
Bricquebec .... 4 B 2
Brides-les-Bains .... 38 B 3
Brie-Comte-Robert .... 17 D 1
Briec .... 12 B 2
Brienne-le-Château .... 19 C 2
Brienon-sur-Armançon ...... 18 B 3
Briey .... 10 B 3
Brignogan-Plages .... 12 B 1
Brignoles .... 54 B 1

Brinon-sur-Beuvron .... 28 B 2
Brionne .... 6 B 3
Brioude .... 36 A 3
Brioux-sur-Boutonne .... 33 C 1
Briouze .... 5 D 3
Brissac-Quincé .... 25 D 1
Brive-la-Gaillarde .... 34 B 3
Broglie .... 16 A 1
Broons .... 14 A 2
Brossac .... 33 D 3
Brou *(Ain)* .... 37 D 1
Brou *(Eure-et-Loir)*.......... 16 B 2
Brouage .... 32 B 2
Brouis *(Col de)*............... 47 D 3
Bruay-la-Buissière .... 3 C 2
Bruay-sur-l'Escaut .... 3 D 2
Brûlon .... 15 D 3
Brumath .... 21 D 1
Bruniquel .... 42 B 3
Bruyères .... 20 B 2
Bubry .... 13 C 3
Buchy .... 7 C 2
Bugeat .... 35 C 2
Le Bugue .... 42 A 1
Buis-les-Baronnies .... 45 D 2
Le Buisson-de-Cadouin .... 42 A 1
Bulgnéville .... 20 A 2
Bully-les-Mines .... 3 C 2
Burie .... 33 C 2
Bussang .... 21 C 3
Bussière-Badil .... 34 A 2
Buxy .... 29 D 3
Buzançais .... 27 C 2
Buzancy .... 9 D 3

C

Les Cabannes .... 50 B 3
Cabourg .... 5 D 2
Cabre *(Col de)* .... 46 A 2
Cabrerets .... 42 B 2
Cadarache *(Barrage de)*.... 54 A 1
Cadenet .... 53 D 1
Cadillac .... 41 C 1
Cadouin .... 42 A 1
Caen .... 5 D 2
Cagnes-sur-Mer .... 55 C 1
Cahors .... 42 B 2
Cajarc .... 42 B 2
Calacuccia .... 55 D 2
Calais .... 2 B 1
Calenzana .... 55 D 2

Callac .... 13 C 2
Callas .... 54 B 1
Calvi .... 55 D 2
Camarès .... 43 D 3
Camaret-sur-Mer .... 12 A 2
Cambo-les-Bains .... 48 A 1
Cambrai .... 3 D 3
Cambremer .... 6 A 3
Campagne-lès-Hesdin .... 2 B 2
Campan .... 49 D 2
Cancale .... 4 B 3
Cancon .... 42 A 2
Candé .... 25 C 1
Candes-St-Martin .... 26 A 2
Canet-Plage .... 57 D 2
Canigou (Pic du) .... 51 D 3
Canisy .... 5 C 2
Cannes .... 55 C 1
La Canourgue .... 44 A 2
Cany-Barville .... 6 B 2
Le Cap-d'Agde .... 52 A 3
Cap-Ferret .... 40 A 1
Capbreton .... 48 A 1
Capdenac-Gare .... 43 C 2
La Capelle .... 9 C 1
Capendu .... 51 D 2
Capestang .... 52 A 2
Captieux .... 41 C 2
Capvern .... 49 D 2
Caraman .... 51 C 1
Carantec .... 12 B 1
Carbon-Blanc .... 41 C 1
Carbonne .... 50 B 2
Carcans .... 32 B 3
Carcans-Plage .... 32 B 3
Carcassonne .... 51 D 2
Carcès .... 54 B 1
Carentan .... 5 C 2
Cargèse .... 55 D 2
Carhaix-Plouguer .... 13 C 2
Carignan .... 9 D 2
Carling .... 11 C 3
Carmaux .... 43 C 3
Carnac .... 22 B 2
Carnon-Plage .... 52 B 2
Carolles .... 4 B 3
Carpentras .... 45 D 3
Carquefou .... 23 D 3
Carqueiranne .... 54 B 2
Carro .... 53 D 2
Carrouges .... 15 D 1

Carry-le-Rouet .... 53 D 2
Carteret .... 4 B 2
Carvin .... 3 C 2
Cassagnes-Bégonhès .... 43 D 3
Cassel .... 3 C 1
Cassis .... 54 A 2
Castanet-Tolosan .... 50 B 1
Casteljaloux .... 41 D 2
Castellane .... 46 B 3
Castelmoron-sur-Lot .... 41 D 2
Castelnau-de-Médoc .... 40 B 1
Castelnau-de-Montmiral ...... 42 B 3
Castelnau-Magnoac .... 49 D 2
Castelnau-Montratier .... 42 B 2
Castelnau-Rivière-Basse ..... 49 D 1
Castelnaudary .... 51 C 1
Castelsarrasin .... 42 A 3
Castets .... 48 B 3
Castillon (Barrage de) .... 46 B 3
Castillon-en-Couserans .... 50 A 2
Castillon-la-Bataille .... 41 C 1
Castillonnès .... 41 D 1
Castres .... 51 C 1
Castries .... 52 B 2
Le Cateau-Cambrésis .... 3 D 3
Le Catelet .... 3 D 3
Cattenom .... 10 B 3
Catus .... 42 B 2
Caudebec-en-Caux .... 6 B 2
Caudry .... 3 D 3
Caulnes .... 14 A 2
Caumont-l'Éventé .... 5 C 2
Caunes-Minervois .... 51 D 1
Caussade .... 42 B 3
Cauterets .... 49 C 2
Cavaillon .... 45 D 3
Cavalaire-sur-Mer .... 54 B 2
La Cavalerie .... 44 A 3
Cavalière .... 54 B 2
Le Caylar .... 44 A 3
Caylus .... 42 B 2
La Cayolle (Col de) .... 46 B 2
Cayres .... 44 B 1
Cazals .... 42 A 2
Cazaubon .... 41 C 3
Cazaux .... 40 B 2
Cazères .... 50 A 2
Celles-sur-Belle .... 33 C 1
Cerbère .... 57 D 3
Céret .... 51 D 3

Cergy .... 7 D 3
Cérilly .... 28 A 3
Cerisiers .... 18 B 3
Cerisy-la-Salle .... 5 C 3
Cerizay .... 25 D 2
Cernay .... 21 C 3
Cervione .... 55 D 2
Ceyrat .... 35 D 2
Ceyzériat .... 37 D 1
Chabanais .... 34 A 2
Chabeuil .... 45 D 1
Chablis .... 18 B 3
Chabris .... 27 C 2
Chagny .... 29 D 2
Chailland .... 15 C 2
Chaillé-les-Marais .... 25 C 3
La Chaise-Dieu .... 36 B 3
Chalabre .... 51 C 2
Chalais .... 33 D 3
Chalamont .... 37 D 1
Chalampé .... 21 D 3
Chalindrey .... 20 A 3
Challans .... 24 B 2
Challes-les-Eaux .... 38 A 2
Chalon-sur-Saône .... 29 D 3
Chalonnes-sur-Loire .... 25 C 1
Châlons-en-Champagne .... 19 C 1
Châlus .... 34 A 2
Chambéry .... 38 A 2
Chambley-Bussières .... 10 A 3
Chambly .... 7 D 3
Chambon (Barrage du) .... 38 A 3
Le Chambon-Feugerolles ..... 36 B 3
Chambon-sur-Lac .... 35 D 2
Le Chambon-sur-Lignon ...... 44 B 1
Chambon-sur-Voueize .... 35 C 1
Chambord .... 27 C 1
La Chambre .... 38 B 3
Chamonix-Mont-Blanc .... 38 B 1
Champagnac-de-Belair .... 34 A 3
Champagne-Mouton .... 33 D 1
Champagnole .... 30 B 3
Champdeniers-St-Denis .... 25 D 3
Champeaux .... 14 B 2
Champeix .... 36 A 2
Champlitte-et-le-Prélot .... 30 A 1
Champs-sur-Tarentaine .... 35 D 3
Champtoceaux .... 23 D 3
Chamrousse .... 38 A 3
Chanac .... 44 A 2
Chanas .... 37 C 3

Chantelle	36	A 1
Chantemerle	46	B 1
Chantilly	7	D 3
Chantonnay	25	C 3
Chaource	19	C 3
La Chapelle-d'Angillon	27	D 1
La Chapelle-de-Guinchay	37	C 1
La Chapelle-en-Valgaudémar	46	B 1
La Chapelle-en-Vercors	45	D 1
Charbonnières-les-Bains	37	C 2
Charenton-du-Cher	28	A 3
La Charité-sur-Loire	28	A 2
Charleville-Mézières	9	D 2
Charlieu	36	B 1
Charly-sur-Marne	18	A 1
Charmes	20	B 2
Charny	18	A 3
Charny-sur-Meuse	10	A 3
Charolles	29	C 3
Charost	27	D 2
Charquemont	31	C 1
Charroux	33	D 1
La Chartre-sur-le-Loir	16	A 3
Chartres	17	C 2
Chasseneuil-sur-Bonnieure	33	D 1
La Châtaigneraie	25	C 3
Château-Arnoux-St-Auban	46	A 3
Château-Chinon	29	C 2
Le Château-d'Oléron	32	B 2
Château-du-Loir	26	A 1
Château-Gontier	15	C 3
Château-la-Vallière	26	A 1
Château-Landon	17	D 3
Château-Porcien	9	C 2
Château-Queyras	46	B 1
Château-Regnault	9	D 2
Château-Renard	18	A 3
Château-Renault	26	B 1
Château-Salins	20	B 1
Château-Thierry	8	B 3
Châteaubourg	14	B 2
Châteaubriant	14	B 3
Châteaudun	16	B 3
Châteaugiron	14	B 3
Châteaulin	12	B 2
Châteaumeillant	27	D 3
Châteauneuf-de-Randon	44	A 2
Châteauneuf-d'Ille-et-Vilaine	14	A 1
Châteauneuf-du-Faou	12	B 2
Châteauneuf-du-Pape	45	C 3
Châteauneuf-en-Thymerais	16	B 1
Châteauneuf-la-Forêt	34	B 2
Châteauneuf-les-Bains	35	D 1
Châteauneuf-sur-Charente	33	D 2
Châteauneuf-sur-Cher	27	D 2
Châteauneuf-sur-Loire	17	D 3
Châteauneuf-sur-Sarthe	25	D 1
Châteauponsac	34	B 1
Châteaurenard	45	C 3
Châteauroux	27	C 3
Châteauvillain	19	D 3
Châtel	38	B 1
Châtel-Guyon	35	D 2
Châtel-Montagne	36	A 1
Châtel-sur-Moselle	20	B 2
Châtelaillon-Plage	32	B 1
Le Châtelard	38	A 2
Châtelaudren	13	D 1
Châteldon	36	A 1
Le Châtelet	27	D 3
Le Châtelet-en-Brie	18	A 2
Châtellerault	26	A 3
Châtelus-Malvaleix	35	C 1
Châtenois	20	A 2
Châtillon-Coligny	18	A 3
Châtillon-en-Bazois	28	B 2
Châtillon-en-Diois	45	D 1
Châtillon-sur-Chalaronne	37	C 1
Châtillon-sur-Indre	26	B 2
Châtillon-sur-Loire	28	A 1
Châtillon-sur-Marne	8	B 3
Châtillon-sur-Seine	19	C 3
La Châtre	27	D 3
Chaudes-Aigues	43	D 1
Chauffailles	36	B 1
Chaufour-lès-Bonnières	16	B 1
Chaulnes	8	A 2
Chaumergy	30	A 2
Chaumont	19	D 3
Chaumont-en-Vexin	7	D 3
Chaumont-sur-Loire	26	B 1
Chauny	8	A 2
Chausey (Iles)	4	B 3
Chaussin	30	A 2
Chauvigny	26	B 3
Chazelles-sur-Lyon	37	C 2
Chef-Boutonne	33	D 1
Chemillé	25	C 2
Chemin	30	A 2
Chénérailles	35	C 1
Chenonceaux	26	B 1
Cherbourg-Octeville	4	B 1
Chéroy	18	A 2
Le Chesne	9	D 2
Chevagnes	28	B 3
Chevillon	19	D 2
Chèvre (Cap de la)	12	A 2
Chevreuse	17	C 1
Le Cheylard	45	C 1
La Chèze	13	D 2
Chinon	26	A 2
Chioula (Col de)	51	C 3
Cholet	25	C 2
Chorges	46	B 2
Cians (Gorges du)	47	C 3
Cintegabelle	50	B 1
La Ciotat	54	A 2
Cirey-sur-Vezouze	21	C 1
Civray	33	D 1
Clairvaux-les-Lacs	30	B 3
Clamecy	28	B 1
Claye-Souilly	17	D 1
La Clayette	36	B 1
Clécy	5	D 3
Clefmont	20	A 3
Cléguérec	13	D 2
Clelles	46	A 1
Clères	6	B 2
Clermont	7	D 3
Clermont-en-Argonne	9	D 3
Clermont-Ferrand	35	D 2
Clermont-l'Hérault	52	A 2
Clerval	31	C 1
Cléry-St-André	17	C 3
Clisson	25	C 2
Cloyes-sur-le-Loir	16	B 3
Cluny	29	D 3
La Clusaz	38	B 1
Cluses	38	B 1
Cognac	33	C 2
Cogolin	54	B 2
Coligny	30	A 3
Collinée	13	D 2
Collioure	57	D 3
Collobrières	54	B 2
Collonges	38	A 1
Collonges-la-Rouge	42	B 1
Colmar	21	C 2
Colmars	46	B 2
Cologne	50	A 1
Colombey-les-Belles	20	A 2
Colombey-les-Deux-Églises	19	D 2
Colombière (Col de la)	38	B 1

Combe Laval	**45**	D 1
Combeaufontaine	**20**	A 3
Combloux	**38**	B 1
Combourg	**14**	B 2
Combronde	**36**	A 1
Comines	**3**	C 1
Commentry	**35**	D 1
Commercy	**20**	A 1
Compiègne	**8**	A 3
Comps-sur-Artuby	**46**	B 3
Concarneau	**12**	B 3
Conches-en-Ouche	**16**	B 1
Condat	**35**	D 3
Condé-en-Brie	**18**	B 1
Condé-sur-l'Escaut	**3**	D 2
Condé-sur-Noireau	**5**	D 3
Condom	**41**	D 3
Condrieu	**37**	C 3
Conflans-en-Jarnisy	**10**	A 3
Confolens	**34**	A 1
Conlie	**15**	D 3
Conliège	**30**	A 3
Connerré	**16**	A 3
Conques	**43**	C 2
Le Conquet	**12**	A 2
Les Contamines-Montjoie	**38**	B 2
Contres	**27**	C 1
Contrexéville	**20**	A 2
Conty	**7**	D 2
Coray	**12**	B 2
Corbeil-Essonnes	**17**	D 1
Corbie	**3**	C 3
Corbigny	**28**	B 3
Corcieux	**21**	C 2
Cordes-sur-Ciel	**43**	C 3
Corlay	**13**	D 2
Cormatin	**29**	D 3
Cormeilles	**6**	A 3
Cormery	**26**	B 2
Cormet de Roselend	**38**	B 2
Cornimont	**21**	C 3
Cornus	**44**	A 3
Corps	**46**	A 1
Corrèze	**35**	C 3
Corte	**55**	D 2
Cosne-d'Allier	**28**	A 3
Cosne-sur-Loire	**28**	A 1
Cossé-le-Vivien	**15**	C 3
La Côte-St-André	**37**	C 3
Cotignac	**54**	B 1
Couches	**29**	D 2

Coucy-le-Château-Auffrique	**8**	B 2
Couhé	**33**	D 1
Couilly-Pont-aux-Dames	**18**	A 1
Couiza	**51**	C 2
Coulanges-la-Vineuse	**28**	B 1
Coulanges-sur-Yonne	**28**	B 1
Coulommiers	**18**	A 1
Coulon	**33**	C 1
Coulonges-sur-l'Autize	**25**	D 3
Couptrain	**15**	D 2
Cour-Cheverny	**27**	C 1
Courchevel	**38**	B 3
Courçon	**32**	B 1
Cournon-d'Auvergne	**36**	A 2
La Couronne	**33**	D 2
Courpière	**36**	A 2
Cours	**36**	B 1
Coursan	**52**	A 3
Coursegoules	**47**	C 3
Courseulles-sur-Mer	**5**	D 2
Courson-les-Carrières	**28**	B 1
Courtenay	**18**	A 3
Courthézon	**45**	C 3
La Courtine	**35**	C 2
Courtomer	**16**	A 1
Courville-sur-Eure	**16**	B 2
Coussey	**20**	A 2
Coutances	**4**	B 3
Coutras	**41**	C 1
La Couvertoirade	**44**	A 3
Cozes	**32**	B 2
Craon	**15**	C 3
Craonne	**8**	B 3
Craponne-sur-Arzon	**36**	B 3
La Crau	**54**	B 2
Crécy-en-Ponthieu	**2**	B 3
Crécy-la-Chapelle	**18**	A 1
Crécy-sur-Serre	**8**	B 2
Creil	**7**	D 3
Crémieu	**37**	D 2
Créon	**41**	C 1
Crépy-en-Valois	**8**	A 3
Crest	**45**	D 1
Créteil	**17**	D 1
Creully	**5**	D 2
Le Creusot	**29**	C 3
Creutzwald	**11**	C 3
Crèvecœur-le-Grand	**7**	D 2
Criel-sur-Mer	**2**	A 3
Criquetot-l'Esneval	**6**	A 2
Crocq	**35**	C 2

Le Croisic	**22**	B 3
La Croix-de-Fer *(Col de)*	**38**	B 3
Croix-Haute *(Col de la)*	**46**	A 1
La Croix-Valmer	**54**	B 2
Le Crotoy	**2**	A 3
Crozant	**34**	B 1
Crozon	**12**	A 2
Cruseilles	**38**	A 1
Crussol *(Château de)*	**45**	C 1
Cuers	**54**	B 2
Cuiseaux	**30**	A 3
Cuisery	**29**	D 3
Culan	**27**	D 3
Culoz	**38**	A 2
Cunault	**25**	D 1
Cunlhat	**36**	A 2
La Cure	**30**	B 3
Cusset	**36**	A 1
Cysoing	**3**	D 2

D

Dabo	**21**	C 1
Damazan	**41**	D 2
Damelevières	**20**	B 1
Damgan	**22**	B 3
Dammartin-en-Goële	**8**	A 3
Dampierre	**30**	A 2
Dampierre-sur-Salon	**30**	A 1
Damville	**16**	B 1
Damvillers	**10**	A 3
Dangé-St-Romain	**26**	B 2
Dannemarie	**21**	C 3
Daoulas	**12**	B 2
Dargilan *(Grotte de)*	**44**	A 3
Darney	**20**	A 3
Dax	**40**	B 3
Deauville	**6**	A 3
Decazeville	**43**	C 2
Decize	**28**	B 3
Delle	**31**	C 1
Delme	**20**	B 1
Demoiselles *(Grotte des)*	**44**	B 3
Denain	**3**	D 2
Der-Chantecoq *(Lac du)*	**19**	C 1
Derval	**14**	B 3
Descartes	**26**	B 2
Desvres	**2**	B 2
Les Deux-Alpes	**46**	A 1
Die	**45**	D 1
Dieppe	**2**	A 3
Dieulefit	**45**	D 2

Dieulouard .... 20 A 1
Dieuze .... 20 B 1
Digne-les-Bains .... 46 B 3
Digoin .... 29 C 3
Dijon .... 29 D 1
Dinan .... 14 A 2
Dinard ....4 B 3
Dives-sur-Mer ....5 D 2
Divonne-les-Bains .... 30 B 3
Dol-de-Bretagne .... 14 B 1
Dole .... 30 A 2
Domart-en-Ponthieu ....2 B 3
Dombasle-sur-Meurthe .... 20 B 1
Dôme *(Puy de)* .... 35 D 2
Domène .... 38 A 3
Domèvre-en-Haye .... 20 A 1
Domfront .... 15 C 1
Domme .... 42 A 1
Dompaire .... 20 B 2
Dompierre-sur-Besbre .... 28 B 3
Domrémy-la-Pucelle .... 20 A 2
Donges .... 23 C 3
Le Donjon .... 36 B 1
Donnemarie-Dontilly .... 18 A 2
Donon *(Col du)* .... 21 C 1
Donzenac .... 34 B 3
Donzère .... 45 C 2
Donzy .... 28 A 1
Le Dorat .... 34 A 1
Dordives .... 18 A 3
Dormans ....8 B 3
Dornes .... 28 B 3
Dortan .... 38 A 1
Douai ....3 D 2
Douarnenez .... 12 B 2
Doucier .... 30 B 3
Doudeville ....6 B 2
Doué-la-Fontaine .... 25 D 2
Doulaincourt .... 19 D 2
Doulevant-le-Château .... 19 D 2
Doullens ....2 B 3
Dourdan .... 17 C 2
Dourgne .... 51 C 1
Douvaine .... 38 B 1
Douvres-la-Délivrande ....5 D 2
Dozulé ....6 A 3
Draguignan .... 54 B 1
Dreux .... 16 B 1
Droué .... 16 B 3
Drulingen .... 21 C 1
Drusenheim .... 21 D 1

Ducey .... 14 B 1
Duclair ....6 B 2
Duingt .... 38 A 2
Dun-le-Palestel .... 34 B 1
Dun-sur-Auron .... 28 A 2
Dunkerque ....3 C 1
Duras .... 41 D 3
Durban-Corbières .... 51 D 2
Durtal .... 25 D 1

E

Eaux-Bonnes .... 49 C 2
Eauze .... 41 D 3
Ébreuil .... 36 A 1
Les Écharmeaux .... 37 C 1
Les Échelles .... 38 A 3
Écommoy .... 16 A 3
Écos ....7 C 3
Écouché ....5 D 3
Écueillé .... 27 C 2
Égletons .... 35 C 2
Éguzon .... 27 C 3
Elbeuf ....6 B 3
Elne .... 57 D 3
Éloyes .... 20 B 2
Elven .... 13 D 3
Embrun .... 46 B 2
Encausse-les-Thermes .... 50 A 2
Ennezat .... 36 A 2
Ensisheim .... 21 D 3
Entraygues-sur-Truyère .... 43 D 2
Entrevaux .... 47 C 3
Envermeu ....2 A 3
Épernay ....9 C 3
Épernon .... 17 C 1
Épinac .... 29 D 2
Épinal .... 20 B 2
L'Épine .... 19 C 1
Erbalunga .... 55 D 1
Ermenonville ....8 A 3
Ernée .... 15 C 2
Erquy ....4 A 3
Erstein .... 21 D 2
Ervy-le-Châtel .... 18 B 3
L'Escarène .... 47 D 3
Espalion .... 43 D 2
Espelette .... 48 A 1
Les Essarts .... 25 C 3
Essoyes .... 19 C 3
Estagel .... 51 D 3
Estaing .... 43 D 2

Estaires ....3 C 2
Esternay .... 18 B 1
Estissac .... 18 B 2
Estrées-St-Denis ....8 A 3
Étables-sur-Mer .... 13 D 1
Étain .... 10 A 3
Étampes .... 17 D 2
Étang-sur-Arroux .... 29 C 2
Étaples ....2 A 2
Étel .... 13 C 3
Étrépagny ....7 C 3
Étretat ....6 A 2
Eu ....2 A 3
Eugénie-les-Bains .... 49 C 1
Évaux-les-Bains .... 35 D 1
Évian-les-Bains .... 31 C 3
Évisa .... 55 D 2
Évran .... 14 A 2
Évrecy ....5 D 2
Évreux ....6 B 3
Évron .... 15 D 2
Évry .... 17 D 1
Excideuil .... 34 A 3
Exmes .... 16 A 1
Eyguières .... 53 D 2
Eygurande .... 35 D 2
Eymet .... 41 D 1
Eymoutiers .... 34 B 2
Les Eyzies-de-Tayac .... 42 A 1
Èze .... 47 D 3

F

Facture .... 40 B 1
Falaise ....5 D 3
Fanjeaux .... 51 C 2
Le Faou .... 12 B 2
Le Faouët .... 13 C 3
La Faucille *(Col de)* .... 30 B 3
Faucogney-et-la-Mer .... 20 B 3
Faulquemont .... 11 C 3
Fauquembergues ....2 B 2
Fauville-en-Caux ....6 B 2
Faverges .... 38 B 2
Faverney .... 20 B 3
Fay-sur-Lignon .... 44 B 1
Fayence .... 55 C 1
Fayl-Billot .... 20 A 3
Fécamp ....6 A 2
La Féclaz .... 38 A 2
Felletin .... 35 C 2
Fénétrange .... 21 C 1

Fer à Cheval (Cirque du)	38	B 1
La Fère	8	B 2
Fère-Champenoise	18	B 1
Fère-en-Tardenois	8	B 3
Ferney-Voltaire	38	A 1
Ferrette	31	D 1
Ferrières-en-Gâtinais	18	A 3
La Ferté-Alais	17	D 2
La Ferté-Bernard	16	A 2
La Ferté-Frênel	16	A 1
La Ferté-Gaucher	18	A 1
La Ferté-Macé	15	D 1
La Ferté-Milon	8	A 3
La Ferté-sous-Jouarre	18	A 1
La Ferté-St-Aubin	27	D 1
La Ferté-Vidame	16	B 1
Festre (Col du)	46	A 1
Feurs	36	B 2
Feyzin	37	C 2
Figeac	43	C 2
Firminy	36	B 3
Fismes	8	B 3
Flaine	38	B 1
La Flèche	15	D 2
Fleckenstein (Château de)	11	D 3
Flers	5	D 3
Fleurance	42	A 3
Fleury-en-Bière	17	D 2
Fleury-sur-Andelle	7	C 3
Flixecourt	2	B 3
Flize	9	D 2
Flogny-la-Chapelle	18	B 3
Florac	44	A 2
Florensac	52	A 2
Flumet	38	B 2
Foix	50	B 2
Le Folgoët	12	B 1
Font-Romeu-Odeillo-Via	51	C 3
Fontaine	21	C 3
Fontaine-de-Vaucluse	45	D 3
Fontaine-Française	30	A 1
Fontaine-le-Dun	6	B 2
Fontainebleau	17	D 2
Fontenay (Abbaye de)	29	C 1
Fontenay-le-Comte	25	C 3
Fontenay-Trésigny	18	A 1
Fontevraud-l'Abbaye	26	A 2
Fontfroide (Abbaye de)	51	D 2
Fontgombault	26	B 3
Fontoy	10	B 3
Fontvieille	53	C 1
Forbach	11	C 3
Forcalquier	46	A 3
Forges-les-Eaux	7	C 2
Formerie	7	C 2
Fort-Mahon-Plage	2	A 2
Fos	50	A 2
Fos-sur-Mer	53	D 2
Le Fossat	50	B 2
Fouesnant	12	B 3
Foug	20	A 1
Fougères	15	C 2
Fougerolles	20	B 3
Fouras	32	B 1
Fourchambault	28	A 2
Fourmies	9	C 1
Fournels	44	A 1
Fours	28	B 3
Le Fousseret	50	A 2
Fraize	21	C 2
Frangy	38	A 1
Fréhel (Cap)	4	A 3
Fréjus	55	C 1
Fréjus (Tunnel du)	38	B 3
Frêne (Col du)	38	A 2
Fresnay-sur-Sarthe	15	D 2
Fresne-St-Mamès	30	B 1
Fresnes-en-Woëvre	10	A 3
Frévent	2	B 3
Freyming-Merlebach	11	C 3
Froissy	7	D 2
Fromentine	24	A 2
Frontenay-Rohan-Rohan	33	C 1
Frontignan	52	B 2
Fronton	42	B 3
Frouard	20	B 1
Fruges	2	B 2
Fumay	9	D 1
Fumel	42	A 2

G

Gabarret	41	C 3
Gacé	16	A 1
La Gacilly	14	A 3
Gaillac	43	C 3
Gaillon	7	C 3
Galan	49	D 2
Galibier (Col du)	38	B 3
Gallardon	17	C 2
Gallargues-le-Montueux	52	B 2
Gamaches	2	A 3
Ganges	44	B 3
Gannat	36	A 1
Gap	46	A 2
Garabit (Viaduc de)	44	A 1
Gardanne	54	A 1
La Garde-Freinet	54	B 1
Gargilesse-Dampierre	27	C 3
Garlin	49	C 1
Gavarnie	49	D 3
Gavray	5	C 3
Geaune	49	C 1
Gemeaux	30	A 1
Gémenos	54	A 2
Gémozac	33	C 2
Gençay	33	D 1
Génissiat (Barrage de)	38	A 1
Genlis	30	A 2
Gennes	25	D 1
Génolhac	44	B 2
Gentioux	35	C 2
Gérardmer	21	C 2
Gerbéviller	20	B 2
Gerbier de Jonc (Mont)	44	B 1
Les Gets	38	B 1
Gevrey-Chambertin	29	D 2
Gex	38	A 1
Ghisonaccia	55	D 3
Ghisoni	55	D 2
Giat	35	D 2
Gien	28	A 1
Giens	54	B 2
Gignac	52	A 2
Gimont	50	A 1
Giromagny	21	C 3
Gisors	7	C 3
Givet	9	D 1
Givors	37	C 2
Givry	29	D 3
Givry-en-Argonne	19	D 1
Glandon (Col du)	38	A 3
Glénan (Îles de)	12	B 3
Goderville	6	A 2
Golfe-Juan	55	C 1
Goncelin	38	A 3
Gondrecourt-le-Château	20	A 2
Gordes	45	D 3
Gorron	15	C 2
Gouarec	13	C 2
Goumois	31	C 1
Gourdon	42	B 1
Gourin	13	C 2
Gournay-en-Bray	7	C 2

Gouzon .... 35 C 1
Graçay .... 27 C 2
Gramat .... 42 B 1
Grancey-le-Château .... 29 D 1
Grand Bois ou de
   la République *(Col du)* ...... 37 C 3
Le Grand-Bornand .... 38 B 1
Le Grand-Bourg .... 34 B 1
Grand-Champ .... 13 D 3
Grand Colombier .... 38 A 2
La Grand-Combe .... 44 B 2
Grand-Couronne ....6 B 3
La Grand-Croix .... 37 C 3
Grand-Fougeray .... 14 B 3
Le Grand-Lemps .... 37 D 3
Le Grand-Lucé .... 16 A 3
Le Grand-Pressigny .... 26 B 2
Le Grand-Serre .... 37 D 3
Grandcamp-Maisy ....5 C 2
La Grande-Motte .... 52 B 2
Grandpré ....9 D 3
Grandrieu .... 44 A 1
Grandval *(Barrage de)* ...... 43 D 1
Grandvilliers ....7 D 2
Granges-sur-Vologne .... 21 C 2
Granier *(Col du)* .... 38 A 2
Granville ....4 B 3
Grasse .... 55 C 1
Le Grau-du-Roi .... 52 B 2
Graulhet .... 55 C 1
La Grave .... 38 B 3
Grave *(Pointe de)* .... 32 B 2
Gravelines ....2 B 1
Gray .... 30 A 1
Grenade .... 42 B 3
Grenade-sur-l'Adour .... 41 C 3
Grenoble .... 38 A 3
Gréoux-les-Bains .... 46 A 3
Gresse-en-Vercors .... 45 D 1
Grésy-sur-Isère .... 38 B 2
Grez-en-Bouère .... 15 C 3
Grignan .... 45 C 2
Grignols .... 41 C 2
Grimaud .... 54 B 2
Grimone *(Col de)* .... 46 A 1
Gris-Nez *(Cap)* ....2 A 1
Grisolles .... 42 B 3
Groix .... 22 A 2
Grostenquin .... 11 C 3
Grouin *(Pointe du)* ....4 B 3
Gruissan .... 52 A 3

Guebwiller .... 21 C 3
Guémené-Penfao .... 23 C 2
Guémené-sur-Scorff .... 13 C 3
Guer .... 14 A 3
Guérande .... 23 C 3
La Guerche-de-Bretagne .... 14 B 3
La Guerche-sur-l'Aubois .... 28 A 2
Guéret .... 35 C 1
Guérigny .... 28 B 2
Guerlédan *(Lac de)* .... 13 D 2
Guéthary .... 48 A 1
Gueugnon .... 29 C 3
Guichen .... 14 B 3
Guignes .... 18 A 1
Guillaumes .... 47 C 3
Guillestre .... 46 B 1
Guillon .... 29 C 1
Guilvinec .... 12 B 3
Guimiliau .... 12 B 1
Guînes ....2 B 1
Guingamp .... 13 D 1
Guipavas .... 12 B 2
Guiscard ....8 A 2
Guise ....3 D 3
Guîtres .... 41 C 1
Gujan-Mestras .... 40 B 1
Guzet-Neige .... 50 B 3
Gy .... 30 B 1

H

Habsheim .... 21 D 3
Hagetmau .... 49 C 1
Hagondange .... 10 B 3
Haguenau .... 21 D 1
Hallencourt .... 23 C 2
Halluin ....3 D 1
Ham ....8 A 2
Hambye *(Abbaye de)* ....5 C 3
Hardelot-Plage ....2 A 2
Haroué .... 20 B 2
Hasparren .... 48 A 1
Haubourdin ....3 C 2
Haut-Kœnigsbourg
   (Château du) .... 21 C 2
Hautecombe *(Abbaye de)* .... 38 A 2
Hautefort .... 34 A 3
Hauteville-Lompnes .... 37 D 1
Hautmont ....8 A 1
Le Havre ....6 A 2
Hayange .... 10 B 3
La Haye-du-Puits ....4 B 2

La Haye-Pesnel ....5 C 3
Hazebrouck ....3 C 1
Héas .... 49 D 3
Hédé .... 14 B 2
Hendaye .... 48 A 1
Hénin-Beaumont ....3 C 2
Hennebont .... 13 C 3
Henrichemont .... 27 D 1
Herbault .... 26 B 1
Les Herbiers .... 25 C 2
Herbignac .... 23 C 3
Héricourt .... 31 C 1
Hérisson .... 28 A 3
Hérisson *(Cascades du)* .... 30 B 3
L'Hermenault .... 25 C 3
Herment .... 35 D 2
Hesdin ....2 B 2
Hettange-Grande .... 10 B 3
Heuchin ....2 B 2
Heyrieux .... 37 D 2
Hiersac .... 33 D 2
Hirsingue .... 31 D 1
Hirson ....9 C 1
Hochfelden .... 21 D 1
Hohneck .... 21 C 3
Le Hohwald .... 21 C 2
Hondschoote ....3 C 1
Honfleur ....6 A 3
Hornoy ....7 D 2
Hossegor .... 48 A 1
Les Houches .... 38 B 1
Houdain ....3 C 2
Houdan .... 17 C 1
Houeillès .... 41 D 2
Houlgate ....6 A 3
Hourtin .... 32 B 3
Hucqueliers ....2 B 2
Huelgoat .... 13 C 2
Hunspach .... 11 D 3
Huriel .... 35 D 1
Hyères .... 54 B 2

I

If *(Château d')* .... 53 D 2
L'Ile-Bouchard .... 26 A 2
L'Ile-Rousse .... 55 D 2
Ille-sur-Têt .... 51 D 3
Illhaeusern .... 21 D 2
Illiers-Combray .... 16 B 2
Imphy .... 28 B 2
Ingrandes .... 25 C 1

Ingwiller .... 21 D 1
Is-sur-Tille .... 29 D 1
Iseran *(Col de l')* .... 39 C 3
L'Isle-Adam .... 7 D 3
L'Isle-d'Abeau .... 37 D 2
L'Isle-de-Noé .... 49 D 1
L'Isle-en-Dodon .... 50 A 1
L'Isle-Jourdain *(Gers)* .... 50 A 1
L'Isle-Jourdain *(Vienne)* .... 34 A 1
L'Isle-sur-la-Sorgue .... 45 D 3
L'Isle-sur-le-Doubs .... 31 C 1
L'Isle-sur-Serein .... 29 C 1
Isola 2000 .... 47 C 2
Les Issambres .... 55 C 1
Issigeac .... 41 D 1
Issoire .... 36 A 2
Issoudun .... 27 D 2
Issy-l'Évêque .... 29 C 3
Istres .... 53 D 2
Ivry-la-Bataille .... 17 C 1
Izernore .... 37 D 1
Izoard *(Col d')* .... 46 B 1

J

Jaligny-sur-Besbre .... 36 A 1
Janville .... 17 C 2
Janzé .... 14 B 3
Jard-sur-Mer .... 24 B 3
Jargeau .... 17 D 3
Jarnac .... 33 C 2
Jarnages .... 35 C 1
Jarny .... 10 A 3
Jau *(Col de)* .... 51 C 3
Jaunay-Clan .... 26 A 3
Jausiers .... 46 B 2
La Javie .... 46 B 2
Javron .... 15 D 2
Jegun .... 41 D 3
Joigny .... 18 A 3
Joinville .... 19 D 2
Jonzac .... 33 C 3
Josselin .... 13 D 3
Jouarre .... 18 A 1
Joué-lès-Tours .... 26 B 1
Jougne .... 31 C 3
Joyeuse .... 44 B 2
Juan-les-Pins .... 55 C 1
Jugon-les-Lacs .... 14 A 2
Juillac .... 34 B 3

Jullouville .... 4 B 3
Jumeaux .... 36 A 3
Jumièges .... 6 B 3
Jumilhac-le-Grand .... 34 A 3
Juniville .... 9 C 3
Jussey .... 20 A 3
Juvigny-le-Tertre .... 5 C 3
Juvigny-sous-Andaine ...... 15 D 1
Juzennecourt .... 19 D 2

K

Kaysersberg .... 21 C 2
Kembs .... 21 D 3
Kernascléden .... 13 C 3

L

Labastide-Murat .... 42 B 1
Labastide-Rouairoux .... 51 D 1
Labouheyre .... 40 B 2
Labouret *(Col du)* .... 46 B 2
Labrit .... 41 C 3
Labruguière .... 51 C 1
Lacanau .... 40 B 1
Lacanau-Océan .... 40 B 1
Lacapelle-Marival .... 43 C 1
Lacaune .... 51 D 1
Lacq .... 49 C 1
Laferté-sur-Amance .... 20 A 3
Laffrey .... 46 A 1
Lafrançaise .... 42 A 3
Lagnieu .... 37 D 2
Lagny-sur-Marne .... 17 D 1
Lagrasse .... 51 D 1
Laguépie .... 43 C 3
Laguiole .... 43 D 1
Laignes .... 19 C 3
Laissac .... 43 D 1
Lalbenque .... 42 B 2
Lalinde .... 42 A 1
Lalouvesc .... 37 C 3
Lamalou-les-Bains .... 52 B 1
Lamarche .... 20 A 3
Lamarque .... 32 B 3
Lamastre .... 45 C 1
Lamballe .... 13 D 2
Lambesc .... 53 D 2
Lamotte-Beuvron .... 27 D 1
Lampaul .... 12 A 1
Lamure-sur-Azergues .... 37 C 1
Landerneau .... 12 B 2
Landévennec .... 12 B 2

Landivisiau .... 12 B 1
Landivy .... 15 C 2
Landrecies .... 3 D 3
Langeac .... 36 A 3
Langeais .... 26 A 1
Langogne .... 44 B 1
Langon .... 41 C 2
Langres .... 19 D 3
Langrune-sur-Mer .... 5 D 2
Lanmeur .... 13 C 1
Lannemezan .... 49 D 2
Lannilis .... 12 A 1
Lannion .... 13 C 1
Lanouaille .... 34 A 3
Lans-en-Vercors .... 38 A 3
Lanslebourg-Mont-Cenis ..... 39 C 3
Lanta .... 50 B 1
Lantosque .... 47 C 3
Lanvollon .... 13 D 1
Laon .... 8 B 2
Lapalisse .... 36 A 1
Lapleau .... 35 C 3
Laplume .... 41 D 3
Lapoutroie .... 21 C 2
Laragne-Montéglin .... 46 A 2
Larche
 (Alpes-de-Hte-Provence) .. 47 C 2
Larche *(Col de)* .... 47 C 2
Larche *(Corrèze)* .... 34 B 3
Largentière .... 44 B 2
Larmor-Plage .... 13 C 3
Laroque-d'Olmes .... 51 C 2
Laroque-Timbaut .... 42 A 2
Laroquebrou .... 43 C 1
Laruns .... 49 C 2
Lasalle .... 44 B 3
Lascaux *(Grotte de)* .... 42 A 1
Lassay-les-Châteaux .... 15 D 2
Lassigny .... 8 A 2
Latour-de-France .... 51 D 3
Latronquière .... 43 C 1
Laurière .... 34 B 1
Lautaret *(Col du)* .... 38 B 3
Lautrec .... 51 C 1
Lauzerte .... 42 A 2
Le Lauzet-Ubaye .... 46 B 2
Lauzun .... 41 D 2
Laval .... 15 C 3
Le Lavandou .... 54 B 2
Lavardac .... 41 D 3
Lavaur .... 51 C 1

Lavelanet .... 51 C 2
Lavéra .... 53 D 2
Lavit-de-Lomagne .... 42 A 3
Lavoûte-Chilhac .... 36 A 3
La Léchère .... 38 B 2
Les Lecques .... 54 A 2
Lectoure .... 41 D 3
Lédignan .... 44 B 3
Legé .... 24 B 2
Léguevin .... 50 B 1
Lembach .... 11 D 3
Lembeye .... 49 C 1
Lempdes-sur-Allagnon .... 36 A 3
Lencloître .... 26 A 3
Lens .... 3 C 2
Léon .... 40 A 3
Léoncel .... 45 D 1
Léré .... 28 A 1
Lescar .... 49 C 1
Lescun .... 49 C 2
Lesneven .... 12 B 1
Lesparre-Médoc .... 32 B 3
Lessay .... 4 B 2
Lestelle-Bétharram .... 49 C 2
Levant *(Île du)* .... 54 B 2
Levens .... 47 C 3
Levet .... 27 D 2
Levie .... 55 D 3
Levier .... 30 B 2
Levroux .... 27 C 2
Lézardrieux .... 13 D 1
Lézat-sur-Lèze .... 50 B 2
Lezay .... 33 D 1
Lézignan-Corbières .... 51 D 2
Lezoux .... 36 A 2
Libourne .... 41 C 1
Liernais .... 29 C 3
Lieurey .... 6 A 3
Liévin .... 3 C 2
Liffol-le-Grand .... 20 A 2
Liffré .... 14 B 2
Lignières .... 27 D 3
Ligny-en-Barrois .... 19 D 1
Ligny-le-Châtel .... 18 B 3
Ligueil .... 26 B 2
Lille .... 3 C 2
Lillebonne .... 6 B 2
Lillers .... 3 C 2
Limoges .... 34 B 2
Limogne-en-Quercy .... 42 B 2
Limonest .... 37 C 2

Limours-en-Hurepoix .... 17 C 1
Limoux .... 51 C 2
Le Lion-d'Angers .... 25 D 1
Lion-sur-Mer .... 5 D 2
Lisieux .... 6 A 3
Lisle-sur-Tarn .... 42 B 3
Lison *(Source du)* .... 30 B 2
Lit-et-Mixe .... 40 A 3
Livarot .... 16 A 1
Liverdun .... 20 A 1
Livernon .... 42 B 2
Livron-sur-Drôme .... 45 C 1
Lizy-sur-Ourcq .... 18 A 1
Loches .... 26 B 2
Locmariaquer .... 22 B 2
Locminé .... 13 D 3
Locquirec .... 13 C 1
Locronan .... 12 B 2
Loctudy .... 12 B 3
Lodève .... 52 A 2
Loiron .... 15 C 3
Lombez .... 50 A 1
Londinières .... 7 B 3
Longeau .... 19 D 3
Longny-au-Perche .... 16 A 2
Longué .... 25 D 1
Longueville-sur-Scie .... 6 B 2
Longuyon .... 10 A 2
Longwy .... 10 A 2
Lons-le-Saunier .... 30 A 3
Lorgues .... 54 B 1
Lorient .... 13 C 3
Loriol-sur-Drôme .... 45 C 1
Lormes .... 28 B 1
Le Loroux-Bottereau .... 23 D 3
Lorquin .... 21 C 1
Lorrez-le-Bocage .... 18 A 2
Lorris .... 17 D 3
Loudéac .... 13 D 2
Loudes .... 36 A 3
Loudun .... 26 A 2
Loué .... 15 D 3
La Loue *(Source de)* .... 30 B 2
Louhans .... 30 A 3
Loulay .... 33 C 1
La Loupe .... 16 B 2
Lourdes .... 49 D 2
Le Louroux-Béconnais .... 25 C 1
Louviers .... 6 B 3
Louvigné-du-Désert .... 15 C 2

Lozère *(Mont)* .... 44 B 2
Lubersac .... 34 B 3
Le Luc .... 54 B 1
Luc-en-Diois .... 45 D 1
Luc-sur-Mer .... 5 D 2
Lucenay-l'Évêque .... 29 C 2
Luçon .... 25 C 3
Le Lude .... 26 A 1
Luère *(Col de la)* .... 37 C 2
Lumbres .... 2 B 2
Lunas .... 52 A 2
Lunel .... 52 B 2
Lunéville .... 20 B 1
Lurbe-St-Christau .... 49 C 2
Lurcy-Lévis .... 28 A 3
Lure .... 20 B 3
Luri .... 55 D 1
Lury-sur-Arnon .... 27 D 2
Lusignan .... 26 A 3
Lusigny-sur-Barse .... 19 C 2
Lussac .... 41 C 1
Lussac-les-Châteaux .... 26 B 3
Lussan .... 45 C 3
Lutzelbourg .... 21 C 1
Luxeuil-les-Bains .... 20 B 3
Luynes .... 26 A 1
Luz-St-Sauveur .... 49 D 2
Luzarches .... 7 C 3
Luzech .... 42 B 2
Luzy .... 29 C 3
Lyon .... 37 C 2
Lyons-la-Forêt .... 7 C 3

M

Machault .... 9 C 3
Machecoul .... 24 B 2
La Machine .... 28 B 2
Mâcon .... 37 C 1
Madeleine *(Col de la)* .... 38 B 3
Maël-Carhaix .... 13 C 2
Magnac-Laval .... 34 A 1
Magny-en-Vexin .... 7 C 3
Maîche .... 31 C 1
Maignelay-Montigny .... 7 D 2
Maillezais .... 25 C 3
Mailly-le-Camp .... 19 C 3
Maintenon .... 17 C 1
Maison-Neuve .... 19 C 2
Maizières-lès-Metz .... 10 B 3
Malaucène .... 45 D 3
Malbuisson .... 30 B 2

La Malène	44 A 2	Mas-Cabardès	51 D 1
Malesherbes	17 D 2	Le Mas-d'Agenais	41 D 2
Malestroit	14 A 3	Le Mas-d'Azil	50 B 2
Malicorne-sur-Sarthe	15 D 3	Masevaux	21 C 3
Malo-les-Bains	3 C 1	Massat	50 B 2
Le Malzieu-Ville	44 A 1	Le Massegros	44 A 2
Mamers	16 A 2	Masseube	50 A 1
Mandelieu-la-Napoule	55 C 1	Massiac	36 A 3
Manosque	46 A 3	Les Matelles	52 B 1
Le Mans	16 A 2	Matha	33 C 2
Mansle	33 D 2	Matignon	14 A 1
Mantes-la-Jolie	17 C 1	Matour	37 D 1
Manzat	35 D 2	Maubeuge	9 C 1
Marans	32 B 1	Maubourguet	49 D 1
Marchaux	30 B 1	Maubuisson	32 B 3
Marchenoir	16 B 3	Mauguio	52 B 2
Marchiennes	3 D 2	Mauléon	25 C 2
Marciac	49 D 1	Mauléon-Barousse	50 A 2
Marcigny	36 B 1	Mauléon-Licharre	48 B 2
Marcillac-Vallon	43 C 2	Maure (Col de)	46 B 2
Marcillat-en-Combraille	35 D 1	Maure-de-Bretagne	14 A 3
Marcilly-le-Hayer	18 B 2	Mauriac	35 C 3
Marckolsheim	21 D 2	Mauron	14 A 2
Marcoule	45 C 3	Maurs	43 C 1
Marennes	32 B 2	Mauvezin	50 A 1
Mareuil	33 D 3	Mauzé-sur-le-Mignon	33 C 1
Mareuil-sur-Lay	25 C 3	Mayenne	15 C 2
Marguerittes	45 C 3	Mayet	16 A 3
Marignane	53 D 2	Le Mayet-de-Montagne	36 A 1
Marigny	5 C 2	Mazagran	9 D 3
Marigny-le-Châtel	18 B 2	Mazamet	51 D 1
Marines	7 D 3	Mazères	50 B 2
Maringues	36 A 2	Mazières-en-Gâtine	25 D 3
Le Markstein	21 C 3	Meaux	18 A 1
Marle	8 B 2	Médous (Grotte de)	49 D 2
Marmande	41 D 2	Les Mées	46 A 3
Marmoutier	21 C 1	Megève	38 B 2
Marnay	30 B 1	Mehun-sur-Yèvre	27 D 2
Marolles-les-Braults	16 A 2	Meillant	27 D 3
Marquion	3 D 3	Le Mêle-sur-Sarthe	16 A 2
Marquise	2 B 1	Mélisey	20 B 3
Mars-la-Tour	10 A 3	Melle	33 C 1
Marseillan	52 A 2	Melun	17 D 2
Marseille	53 D 2	Menat	35 D 1
Marseille-en-Beauvaisis	7 D 2	Mende	44 B 2
Martel	42 B 1	Menée (Col de)	46 A 1
Marthon	33 D 2	Ménez-Hom	12 B 2
Martigné-Ferchaud	14 B 3	Ménigoute	25 D 3
Martigny-les-Bains	20 A 2	Mennetou-sur-Cher	27 C 2
Martigues	53 D 2	Mens	46 A 1
Marvejols	44 A 2	Menthon-St-Bernard	38 A 2
Menton	47 D 3	Midi de Bigorre (Pic du)	49 D 2
Les Menuires	38 B 3	Miélan	49 D 1
Mer	27 C 1	Migennes	18 B 3
Mercœur	43 C 1	Mijoux	30 B 3
Merdrignac	14 A 2	Millas	51 D 3
Méréville	17 C 2	Millau	43 D 3
Méribel	38 B 3	Milly-la-Forêt	17 D 2
Mérignac	40 B 1	Mimizan	40 A 2
Le Merlerault	16 A 1	Mimizan-Plage	40 A 2
Mers-les-Bains	2 A 3	Mindin	23 C 3
Méru	7 D 3	Mionnay	37 C 2
Merville	3 C 2	Miramar	55 C 1
Merville-Franceville-Plage	5 D 2	Miramas	53 D 2
Méry-sur-Seine	18 B 2	Mirambeau	33 C 3
Meschers-sur-Gironde	32 B 2	Miramont-de-Guyenne	41 D 2
Meslay-du-Maine	15 C 3	Mirande	49 D 1
Messei	5 D 3		
Mesvres	29 C 3		
Metz	10 B 3		
Metzervisse	10 B 3		
Meulan	17 C 1		
Meung-sur-Loire	17 C 3		
Meursault	29 D 2		
Meximieux	37 D 2		
Meymac	35 C 2		
Meyrand (Col de)	44 B 2		
Meyrueis	44 A 3		
Meyzieu	37 D 2		
Mèze	52 B 2		
Mézel	46 B 3		
Mézenc (Mont)	44 B 1		
Mézidon	5 D 3		
Mézières-en-Brenne	26 B 3		
Mézières-sur-Issoire	34 A 1		
Mézin	41 D 3		

Mirebeau .... **26 A 3**
Mirebeau-sur-Bèze .... **30 A 1**
Mirecourt .... **20 B 2**
Mirepoix .... **51 C 2**
Miribel .... **37 C 2**
Modane .... **38 B 3**
Moëlan-sur-Mer .... **13 C 3**
Moirans .... **37 D 3**
Moirans-en-Montagne .... **30 B 3**
Moisdon-la-Rivière .... **23 D 2**
Moissac .... **42 A 3**
Molène *(Ile)* .... **12 A 2**
Molières .... **42 B 3**
Molitg-les-Bains .... **51 D 3**
Molliens-Dreuil .... **2 B 3**
Molsheim .... **21 D 1**
Mon Idée .... **9 C 2**
Le Monastier-sur-Gazeille ... **44 B 1**
Monbazillac .... **41 D 1**
Monclar-de-Quercy .... **42 B 3**
Moncontour *(Côtes-d'Armor)* **13 D 2**
Moncontour *(Vienne)* .... **26 A 2**
Moncoutant .... **25 D 3**
Mondoubleau .... **16 B 3**
Mondragon .... **45 C 2**
Monein .... **49 C 1**
Monestier-de-Clermont ...... **46 A 1**
Monestiés .... **43 C 3**
Le Monêtier-les-Bains .... **46 B 1**
Monflanquin .... **42 A 2**
Monistrol-d'Allier .... **44 A 1**
Monistrol-sur-Loire .... **36 B 3**
Monpazier .... **42 A 1**
Monségur .... **41 D 1**
Monsols .... **37 C 1**
Mont Blanc *(Tunnel du)* .... **38 B 1**
Mont-Cenis *(Col du)* .... **39 C 3**
Mont-de-Marsan .... **41 C 3**
Le Mont-Dore .... **35 D 2**
Mont-Louis .... **51 C 3**
Mont-sous-Vaudrey .... **30 A 2**
Le Mont-St-Michel .... **4 B 3**
Mont-St-Vincent .... **29 D 3**
Montagnac .... **52 A 2**
Montagrier .... **33 D 3**
Montaigu .... **25 C 2**
Montaigu-de-Quercy .... **42 A 2**
Montaigut .... **35 D 1**
Montalieu-Vercieu .... **37 D 2**
Montalivet-les-Bains .... **32 B 3**
Montargis .... **17 D 3**

Montastruc-la-Conseillère .... **50 B 1**
Montauban .... **42 B 3**
Montauban-de-Bretagne ...... **14 A 2**
Montbard .... **29 C 1**
Montbazens .... **43 C 3**
Montbazon .... **26 B 1**
Montbéliard .... **31 C 1**
Montbenoît .... **31 C 2**
Montbozon .... **30 B 1**
Montbrison .... **36 B 2**
Montbron .... **33 D 2**
Montceau-les-Mines .... **29 C 3**
Montcenis .... **29 C 3**
Montchanin .... **29 D 3**
Montcornet .... **9 C 2**
Montcuq .... **42 A 2**
Montdidier .... **8 A 2**
Montebourg .... **5 C 2**
Montech .... **42 A 3**
Montélimar .... **45 C 2**
Montendre .... **33 C 3**
Montereau-Fault-Yonne ...... **18 A 2**
Montesquieu-Volvestre ...... **50 B 2**
Montesquiou .... **49 D 1**
Le Montet .... **28 A 3**
Montets *(Col des)* .... **39 C 1**
Montfaucon-d'Argonne .... **9 D 3**
Montfaucon-en-Velay .... **36 B 3**
Montfaucon-Montigné .... **25 C 2**
Montfort-en-Chalosse .... **48 B 1**
Montfort-l'Amaury .... **17 C 1**
Montfort-sur-Meu .... **14 A 2**
Montfort-sur-Risle .... **6 B 3**
Montgaillard .... **50 B 2**
Montgenèvre .... **46 B 1**
Montgiscard .... **50 B 1**
Montguyon .... **33 C 3**
Monthermé .... **9 D 1**
Monthois .... **9 D 3**
Monthureux-sur-Saône ...... **20 A 3**
Montier-en-Der .... **19 D 2**
Montignac .... **42 A 1**
Montigny-le-Roi .... **20 A 3**
Montigny-sur-Aube .... **19 D 3**
Montivilliers .... **6 A 2**
Montjean-sur-Loire .... **25 C 1**
Montlhéry .... **17 D 1**
Montlieu-la-Garde .... **33 C 3**
Montlouis-sur-Loire .... **26 B 1**
Montluçon .... **35 D 1**
Montluel .... **37 D 2**

Montmarault .... **35 D 1**
Montmartin-sur-Mer .... **4 B 3**
Montmédy .... **10 A 2**
Montmélian .... **38 A 2**
Montmirail *(Marne)* .... **18 B 1**
Montmirail *(Sarthe)* .... **16 B 3**
Montmirey-le-Château .... **30 A 2**
Montmoreau-St-Cybard ...... **33 D 3**
Montmorillon .... **26 B 3**
Montmort .... **18 B 1**
Montoire-sur-le-Loir .... **16 B 3**
Montpellier .... **52 B 2**
Montpellier-le-Vieux (
    Chaos de) .... **44 A 3**
Montpezat-de-Quercy .... **42 B 2**
Montpezat-sous-Bauzon .... **44 B 1**
Montpon-Ménestérol .... **41 D 1**
Montpont-en-Bresse .... **30 A 3**
Montréal *(Aude)* .... **51 C 2**
Montréal *(Gers)* .... **41 D 3**
Montréal-la-Cluse .... **37 D 1**
Montredon-Labessonnié ..... **51 D 1**
Montréjeau .... **50 A 2**
Montrésor .... **26 B 3**
Montret .... **30 A 3**
Montreuil .... **2 B 2**
Montreuil-Bellay .... **25 D 2**
Montrevault .... **25 C 1**
Montrevel-en-Bresse .... **37 D 1**
Montrichard .... **26 B 1**
Montrond-les-Bains .... **36 B 2**
Monts-sur-Guesnes .... **26 A 2**
Montsalvy .... **43 D 1**
Montsauche-les-Settons .... **29 C 2**
Montsûrs .... **15 C 2**
Morcenx .... **40 B 3**
Mordelles .... **14 A 3**
Morée .... **16 B 3**
Morestel .... **37 D 2**
Moret-sur-Loing .... **18 A 2**
Moreuil .... **7 D 2**
Morez .... **30 B 3**
Morgat .... **12 A 2**
Morhange .... **20 B 1**
Morlaàs .... **49 C 1**
Morlaix .... **13 C 1**
Mormant .... **18 A 1**
Mormoiron .... **45 D 3**
Mornant .... **37 C 2**
Morosaglia .... **55 D 2**
Mortagne-au-Perche .... **16 A 2**

Mortagne-sur-Gironde .... 32 B 3
Mortagne-sur-Sèvre .... 25 C 2
Mortain .... 5 C 3
Morteau .... 31 C 2
Mortrée .... 15 D 1
Morzine .... 38 B 1
La Mothe-Achard .... 24 B 3
La Mothe-St-Héray .... 33 C 1
La Motte-Chalancon .... 45 D 2
La Motte-du-Caire .... 46 A 2
Mouchard .... 30 B 2
Mougins .... 55 C 1
Mouilleron-en-Pareds .... 25 C 3
Moulins .... 28 B 3
Moulins-Engilbert .... 28 B 2
Moulins-la-Marche .... 16 A 1
Moult .... 5 D 2
Mourenx .... 49 C 1
Mourmelon-le-Grand .... 9 C 3
Moustiers-Ste-Marie .... 46 B 3
Mouthe .... 30 B 2
Mouthier-Haute-Pierre .... 30 B 2
Mouthoumet .... 51 D 2
Moûtiers .... 38 B 2
Moutiers-les-Mauxfaits .... 24 B 3
Mouy .... 7 D 3
Mouzon .... 9 D 2
Moyenneville .... 2 B 3
Mugron .... 40 B 3
Mulhouse .... 21 C 3
Munster .... 21 C 3
Mur-de-Barrez .... 43 D 1
Mur-de-Bretagne .... 13 D 2
Murat .... 35 D 3
Murat-sur-Vèbre .... 51 D 1
Murato .... 55 D 2
La Mure .... 46 A 1
Muret .... 50 B 1
Muro .... 55 D 2
Murol .... 35 D 2
Murviel-lès-Béziers .... 52 A 2
Mussidan .... 41 D 1
Mussy-sur-Seine .... 19 C 3
Le Muy .... 54 B 1
Muzillac .... 22 B 2

N

Nailloux .... 50 B 1
Najac .... 43 C 3
Nancy .... 20 B 1
Nangis .... 18 A 2

Nant .... 44 A 3
Nanterre .... 17 D 1
Nantes .... 23 D 3
Nanteuil-le-Haudouin .... 8 A 3
Nantiat .... 34 A 1
Nantua .... 37 D 1
La Napoule .... 55 C 1
Narbonne .... 52 A 3
Narbonne-Plage .... 52 A 3
Nasbinals .... 43 D 1
Naucelle .... 43 C 3
Naussac (Barrage de) .... 44 B 1
Navacelles (Cirque de) .... 44 A 3
Navarrenx .... 48 B 1
Nay .... 49 C 2
Nègrepelisse .... 42 B 3
Nemours .... 17 D 2
Nérac .... 41 D 3
Néris-les-Bains .... 35 D 1
Néronde .... 36 B 2
Nérondes .... 28 A 2
Nesle .... 8 A 2
Le Neubourg .... 6 B 3
Neuf-Brisach .... 21 D 3
Neufchâteau .... 20 A 2
Neufchâtel-en-Bray .... 7 C 2
Neufchâtel-sur-Aisne .... 9 C 3
Neuillé-Pont-Pierre .... 26 A 1
Neuilly-le-Thelle .... 7 D 3
Neuilly-le-Réal .... 28 B 3
Neuilly-l'Évêque .... 20 A 3
Neuilly-St-Front .... 8 B 3
Neung-sur-Beuvron .... 27 C 1
La Neuve-Lyre .... 16 A 1
Neuves-Maisons .... 20 B 1
Neuvic (Corrèze) .... 35 C 3
Neuvic (Dordogne) .... 33 D 3
Neuville-aux-Bois .... 17 C 3
Neuville-de-Poitou .... 26 A 3
Neuville-sur-Saône .... 37 C 2
Neuvy-le-Roi .... 26 B 1
Neuvy-St-Sépulchre .... 27 C 3
Neuvy-sur-Barangeon .... 27 D 1
Névache .... 38 B 3
Nevers .... 28 A 2
Nexon .... 34 A 2
Niaux (Grotte de) .... 50 B 3
Nice .... 47 C 3
Niederbronn-les-Bains .... 11 D 3
Nieul .... 34 A 2
Nîmes .... 45 C 3

Niort .... 33 C 1
Nitry .... 29 C 1
Noailles .... 7 D 3
Nœux-les-Mines .... 3 C 2
Nogaro .... 41 C 3
Nogent .... 19 D 3
Nogent-le-Roi .... 17 C 1
Nogent-le-Rotrou .... 16 B 2
Nogent-sur-Seine .... 18 B 2
Noirétable .... 36 B 2
Noirmoutier-en-l'Île .... 24 A 2
Nolay .... 29 D 2
Nomeny .... 20 B 1
Nomexy .... 20 B 2
Nonancourt .... 16 B 1
Nonant-le-Pin .... 16 A 1
Nontron .... 34 A 2
Nonza .... 55 D 1
Norrent-Fontes .... 3 C 2
Nort-sur-Erdre .... 23 D 3
Notre-Dame-de-Bellecombe 38 B 2
Nouan-le-Fuzelier .... 27 D 1
Nouvion-en-Ponthieu .... 2 B 3
Le Nouvion-en-Thiérache .... 8 B 1
Nouzonville .... 9 D 2
Noves .... 45 C 3
Novion-Porcien .... 9 C 2
Noyant .... 26 A 1
Noyers .... 29 C 1
Noyers-sur-Jabron .... 46 A 2
Noyon .... 8 A 2
Nozay .... 23 D 3
Nuits-St-Georges .... 29 D 2
Nyons .... 45 D 2

O

Oberhaslach .... 21 C 1
Obernai .... 21 D 2
Objat .... 34 B 3
Offranville .... 2 A 3
Oisemont .... 2 B 3
Olargues .... 51 D 1
Oléron (Île d') .... 32 B 2
Oletta .... 55 D 2
Olette .... 51 C 3
Olivet .... 17 C 3
Les Ollières-sur-Eyrieux .... 45 C 1
Olliergues .... 36 A 2
Ollioules .... 54 A 2
Olmeto .... 55 D 3
Olonzac .... 51 D 2

Oloron-Ste-Marie .... **49** C 2
Onesse-et-Laharie .... **40** B 3
Onzain .... **26** B 1
Oradour-sur-Glane .... **34** A 2
Oradour-sur-Vayres .... **34** A 2
Oraison .... **46** A 3
Orange .... **45** C 3
Orbec .... **6** A 3
Orbey .... **21** C 2
Orchies .... **3** D 2
Orcières .... **46** B 1
Orcival .... **35** D 2
Orgelet .... **30** A 3
Orgères-en-Beauce .... **17** C 3
Orgnac *(Aven d')* .... **45** C 2
Orgon .... **45** D 3
Origny-Ste-Benoite .... **8** B 3
Orléans .... **17** C 3
Orly .... **17** D 1
Ornans .... **30** B 2
Orpierre .... **46** A 2
Orsay .... **17** D 1
Orthez .... **48** B 1
Ossun .... **49** D 2
Ottmarsheim .... **21** D 3
Oucques .... **16** B 3
Ouistreham .... **5** D 2
Oulchy-le-Château .... **8** B 3
Ourville-en-Caux .... **6** B 2
Oust .... **50** B 3
Ouzouer-le-Marché .... **17** C 3
Ouzouer-sur-Loire .... **17** D 3
Oxocelhaya et Isturits
(Grottes d') .... **48** B 1
Oyonnax .... **38** A 1

P

La Pacaudière .... **36** B 1
Pacy-sur-Eure .... **16** B 2
Padirac *(Gouffre de)* .... **42** B 1
Pagny-sur-Moselle .... **10** B 3
Paimbœuf .... **23** C 3
Paimpol .... **13** D 1
Paladru .... **37** D 3
Le Palais .... **22** A 3
Palaiseau .... **17** D 1
Palavas-les-Flots .... **52** B 2
Palinges .... **29** C 3
La Pallice .... **32** B 1
Palluau .... **24** B 2
Pamiers .... **50** B 2

Paramé .... **4** B 3
Paray-le-Monial .... **29** C 3
Parentis-en-Born .... **40** B 2
Paris .... **17** D 1
Parthenay .... **25** D 1
Pas-en-Artois .... **3** C 3
Passais .... **15** C 2
Patay .... **17** C 3
Pau .... **49** C 1
Pauillac .... **32** B 3
Paulhaguet .... **36** A 3
Pavilly .... **6** B 2
Payrac .... **42** B 1
Le Péage-de-Roussillon .... **37** C 3
Pech Merle *(Grotte du)* .... **42** B 2
Peïra-Cava .... **47** D 3
Pellegrue .... **41** D 1
Le Pellerin .... **23** D 3
Pélussin .... **37** C 3
Pénestin .... **22** B 3
Penhir *(Pointe del)* .... **12** A 2
Penne-d'Agenais .... **42** A 2
Percy .... **5** C 3
Périers .... **5** C 2
Périgueux .... **34** A 3
Pernes-les-Fontaines .... **45** D 3
Péronne .... **3** C 3
Pérouges .... **37** D 2
Perpignan .... **51** D 3
Perreux .... **36** B 1
Perros-Guirec .... **13** C 1
Le Perthus .... **51** D 3
Pertuis .... **54** A 1
Pervenchères .... **16** A 2
Pesmes .... **30** A 1
Petit St-Bernard *(Col du)* .. **39** C 2
La Petite-Pierre .... **21** C 1
Petite-Rosselle .... **11** C 3
Petreto-Bicchisano .... **55** D 3
Peyrat-le-Château .... **34** B 2
Peyrehorade .... **48** B 1
Peyresourde *(Col de)* .... **49** D 3
Peyriac-Minervois .... **51** D 2
Peyrol *(Pas de)* .... **35** D 3
Peyrolles-en-Provence ...... **54** A 1
Peyruis .... **46** A 3
Pézenas .... **52** A 2
Phalsbourg .... **21** C 1
Piana .... **55** C 2
Picquigny .... **2** B 3
Piedicroce .... **55** D 2

Piennes .... **10** A 3
Pierre-Buffière .... **34** B 2
Pierre-de-Bresse .... **30** A 2
Pierrefitte-Nestalas .... **49** D 2
Pierrefitte-sur-Aire .... **19** D 1
Pierrefonds .... **8** A 3
Pierrefontaine-les-Varans .. **31** C 1
Pierrefort .... **43** D 1
Pierrelatte .... **45** C 2
Les Pieux .... **4** B 1
Pilat *(Mont)* .... **37** C 3
Pilat-Plage .... **40** B 2
Piney .... **19** C 2
Pino .... **55** D 1
Pinols .... **44** A 1
Pionsat .... **35** D 1
Pipriac .... **14** A 3
Piriac-sur-Mer .... **22** B 3
Pissos .... **40** B 2
Pithiviers .... **17** D 2
Plabennec .... **12** B 1
La Plagne .... **38** B 2
Plaisance .... **49** D 1
Les Planches-en-Montagne . **30** B 3
Plancoët .... **14** A 1
Plateau-d'Assy .... **38** B 2
Pleaux .... **35** C 3
Pleine-Fougères .... **14** B 1
Plélan-le-Grand .... **14** A 3
Plélan-le-Petit .... **14** A 2
Pléneuf-Val-André .... **13** D 1
Plestin-les-Grèves .... **13** C 1
Pleumartin .... **26** B 3
Pleumeur-Bodou .... **13** C 1
Pleyben .... **12** B 2
Ploemeur .... **13** C 3
Ploërmel .... **14** A 3
Plœuc-sur-Lié .... **13** D 2
Plombières-les-Bains .... **20** B 3
Plonéour-Lanvern .... **12** B 3
Plouagat .... **13** D 1
Plouaret .... **13** C 1
Plouay .... **13** C 3
Ploubalay .... **14** A 1
Ploudalmézeau .... **12** A 1
Plouescat .... **12** B 1
Plougasnou .... **13** C 1
Plougastel-Daoulas .... **12** B 2
Plougonven .... **13** C 1
Plouguenast .... **13** D 2
Plouha .... **13** D 1

Plouigneau	13	C 1
Ploumanach	13	C 1
Plouzévédé	12	B 1
Pluvigner	13	D 3
Podensac	41	C 1
Le Poiré-sur-Vie	24	B 3
Poissons	19	D 2
Poitiers	26	A 3
Poix-de-Picardie	7	D 2
Poix-Terron	9	D 2
Poligny	30	A 2
Poncin	37	D 1
Pons	33	C 2
Pont-à-Marcq	3	D 2
Pont-à-Mousson	20	A 1
Pont-Audemer	6	A 3
Pont-Aven	13	C 3
Pont-Croix	12	A 2
Pont-d'Ain	37	D 1
Le Pont-de-Beauvoisin	38	A 2
Pont-de-Chéruy	37	D 2
Le Pont-de-Claix	38	A 3
Pont-de-Dore	36	A 2
Pont-de-l'Arche	6	B 3
Le Pont-de-Montvert	44	B 2
Pont-de-Roide	31	C 1
Pont-de-Salars	43	D 2
Pont-de-Vaux	29	D 3
Pont-de-Veyle	37	C 1
Pont-d'Ouilly	5	D 3
Pont-du-Château	36	A 2
Pont du Gard	45	C 3
Pont-en-Royans	37	D 3
Pont-d'Espagne	49	C 2
Pont-l'Abbé	12	B 3
Pont-l'Évêque	6	A 3
Pont-Scorff	13	C 3
Pont-St-Esprit	45	C 2
Pont-St-Vincent	20	B 1
Pont-Ste-Maxence	8	A 3
Pont-sur-Yonne	18	A 2
Pontacq	49	C 2
Pontailler-sur-Saône	30	A 1
Pontarion	35	C 1
Pontarlier	30	B 2
Pontaubault	14	B 1
Pontaumur	35	D 2
Pontcharra	38	A 3
Pontchartrain	17	C 1
Pontchâteau	23	C 3
Ponte-Leccia	55	D 2
Le Pontet	45	C 3
Pontfaverger-Moronvilliers	9	C 3
Pontgibaud	35	D 2
Pontigny	18	B 3
Pontivy	13	C 3
Pontlevoy	27	C 1
Pontoise	7	D 3
Pontorson	14	B 1
Pontrieux	13	C 1
Les Ponts-de-Cé	25	D 1
Pontvallain	16	A 3
Pornic	24	A 2
Pornichet	23	C 3
Porquerolles (Ile de)	54	B 2
Port (Col de)	50	B 2
Port-Barcarès	57	D 2
Port-Cros (Ile de)	54	B 2
Port-de-Bouc	53	D 2
Port-en-Bessin	5	D 2
Port-Joinville	24	A 3
Port-la-Nouvelle	52	A 3
Port-Leucate	57	D 2
Port-Louis	13	C 3
Port-Manech	13	C 3
Port-Navalo	22	B 2
Port-St-Louis-du-Rhône	53	D 2
Port-Ste-Marie	41	D 2
Port-sur-Saône	20	B 3
Port-Vendres	57	D 3
La Porta	55	D 2
Portbail	4	B 2
Portet d'Aspet (Col de)	50	A 2
Porto	55	D 2
Porto-Vecchio	55	D 3
Potigny	5	D 3
Pouancé	14	B 3
Pougues-les-Eaux	28	A 2
Pouilly-en-Auxois	29	D 2
Pouilly-sous-Charlieu	36	B 1
Pouilly-sur-Loire	28	A 2
Le Pouldu	13	C 3
Le Pouliguen	23	C 3
Pouyastruc	49	D 2
Pouzauges	25	C 3
Le Pouzin	45	C 1
Pra-Loup	46	B 2
Pradelles	44	B 1
Prades	51	D 3
Prahecq	33	C 1
Pralognan-la-Vanoise	38	B 3
Prats-de-Mollo-la-Preste	57	C 3
Prauthoy	30	A 1
Pré-en-Pail	15	D 2
Précy-sous-Thil	29	C 1
Prémery	28	B 2
La Preste	57	C 3
Preuilly-sur-Claise	26	B 2
La Primaube	43	D 2
Primel-Trégastel	13	C 1
Privas	45	C 1
Propriano	55	D 3
Provenchères-sur-Fave	21	C 2
Provins	18	A 2
Puget-Théniers	47	C 3
Puiseaux	17	D 2
Puisserguier	52	A 2
Pujols	41	C 1
Putanges-Pont-Écrepin	5	D 3
Puttelange-aux-Lacs	11	C 3
Le Puy-en-Velay	44	B 1
Puy-Guillaume	36	A 1
Puy-l'Évêque	42	A 2
Puylaurens	51	C 1
Puymirol	42	A 3
Puymorens (Col de)	51	C 3
Pyla-sur-Mer	40	B 1

Q

Quarré-les-Tombes	29	C 1
Les Quatre Chemins	25	C 3
Quatre Vios (Col des)	45	C 1
Quérigut	51	C 3
Le Quesnoy	3	D 3
Questembert	14	A 3
Quettehou	5	C 1
Quiberon	22	A 3
Quillan	51	C 3
Quillane (Col de)	51	C 3
Quillebeuf-sur-Seine	6	B 2
Quimper	12	B 3
Quimperlé	13	C 3
Quingey	30	B 2
Quintin	13	D 2
Quissac	44	B 3

R

Rabastens	42	B 3
Rabastens-de-Bigorre	49	D 1
Rambervillers	20	B 2
Rambouillet	17	C 1
Rambucourt	20	A 1
Randan	36	A 1

Randanne	35	D 2
Raon-l'Étape	21	C 2
Raucourt-et-Flaba	9	D 2
Rayol-Canadel-sur-Mer	54	A 2
Raz *(Pointe du)*	12	A 2
Ré *(Ile de)*	32	B 1
Réalmont	43	C 3
Rebais	18	A 1
Recey-sur-Ource	19	D 3
Redon	14	A 3
Reichshoffen	11	D 3
Reignier-Esery	38	B 1
Reillanne	46	A 2
Reims	9	C 3
Rémalard	16	A 2
Remiremont	20	B 3
Remoulins	45	C 3
Rémuzat	45	D 2
Renazé	15	C 3
Rennes	14	B 2
Rennes-les-Bains	51	C 2
Renwez	9	D 2
La Réole	41	C 2
Réquista	43	D 3
Rethel	9	C 2
Retiers	14	B 3
Retournac	36	B 3
Reuilly	27	D 2
Revard *(Mont)*	38	A 2
Revel	51	C 1
Revigny-sur-Ornain	19	D 1
Revin	9	D 1
Rhinau	21	D 2
Riaillé	23	D 3
Rians	54	A 1
Ribeauvillé	21	C 2
Ribécourt	8	A 2
Ribemont	8	B 2
Ribérac	33	D 3
Ribiers	46	A 2
Les Riceys	19	C 3
Richelieu	26	A 2
Riec-sur-Belon	13	C 3
Rieumes	50	B 1
Rieupeyroux	43	C 2
Rieux	50	B 2
Riez	46	A 3
Rignac	43	C 2
Riom	36	A 2
Riom-ès-Montagnes	35	D 3
Rioz	30	B 1
Riquewihr	21	C 2
Riscle	49	D 1
Rive-de-Gier	37	C 2
Rives	37	D 3
Rivesaltes	51	C 3
La Rivière-Thibouville	6	B 3
Roanne	36	B 1
Rocamadour	42	B 1
La Roche-Bernard	23	C 3
La Roche-Canillac	35	C 3
La Roche-Chalais	33	D 3
La Roche-Derrien	13	C 1
La Roche-Guyon	7	C 3
La Roche-Posay	26	B 3
La Roche-sur-Foron	38	B 1
La Roche-sur-Yon	24	B 3
Rochebonne *(Château de)*	45	C 1
Rochechouart	34	A 2
Rochefort	32	B 1
Rochefort-en-Terre	14	A 3
Rochefort-Montagne	35	D 2
Rochefort-sur-Nenon	30	A 2
La Rochefoucauld	33	D 2
La Rochelle	32	B 1
Rochemaure	45	C 2
La Rochepot	29	D 2
Rocheservière	24	B 2
La Rochette	38	A 3
Rocroi	9	C 1
Rodez	43	D 2
Rogliano	55	D 1
Rohan	13	D 3
Rohrbach-lès-Bitche	11	D 3
Roisel	3	D 3
Roissy-en-France	17	D 1
Romans-sur-Isère	45	D 1
Rombas	10	B 3
Romilly-sur-Seine	18	B 2
Romorantin-Lanthenay	27	C 1
Ronce-les-Bains	32	B 2
Ronchamp	20	B 3
La Roque-Gageac	42	A 1
Roquebillière	47	C 3
Roquebrun	52	A 2
Roquebrune-Cap-Martin	47	D 3
La Roquebrussanne	54	A 1
Roquecourbe	51	C 1
Roquefort	41	C 3
Roquefort-sur-Soulzon	43	D 3
Roquemaure	45	C 3
Roquesteron	47	C 3
Roquevaire	54	A 1
Rosans	45	D 2
Roscoff	12	B 1
Rosheim	21	D 1
La Rosière-1850	38	B 2
Rosières-en-Santerre	8	A 2
Les Rosiers-sur-Loire	25	D 1
Rosporden	12	B 3
Rostrenen	13	C 2
Rothéneuf	4	B 3
Roubaix	3	D 2
Rouen	6	B 3
Rouffach	21	C 3
Rougé	14	B 3
Rougemont	30	B 1
Rougemont-le-Château	21	C 3
Rouillac	33	D 2
Roujan	52	A 2
Roulans	30	B 1
Les Rousses	30	B 3
Rousset *(Col de)*	45	D 1
Royan	32	B 2
Royat	35	D 2
Roybon	37	D 3
Roye	8	A 2
Royère-de-Vassivière	35	C 2
Rozay-en-Brie	18	A 1
Le Rozier	44	A 3
Rozoy-sur-Serre	9	C 2
Rue	2	A 3
Ruelle-sur-Touvre	33	D 2
Ruffec	33	D 1
Ruffieux	38	A 2
Rugles	16	A 1
Rumengol	12	B 2
Rumigny	9	C 2
Rumilly	38	A 2
Ruoms	45	C 2
Rupt-sur-Moselle	20	B 3
Le Russey	31	C 2
Ruynes-en-Margeride	44	A 1

S

Saales	21	C 2
Sablé-sur-Sarthe	15	D 3
Les Sables-d'Olonne	24	B 3
Sables-d'Or-les-Pins	4	A 3
Sabres	40	B 3
Saillagouse	51	C 3
Saillans	45	D 1
Sains-du-Nord	9	C 1

Sains-Richaumont	8	B 2
St-Affrique	43	D 3
St-Agnant	32	B 2
St-Agrève	45	C 1
St-Aignan	27	C 2
St-Aignan-sur-Roë	15	C 3
St-Alban-sur-Limagnole	44	A 1
St-Amand-en-Puisaye	28	A 1
St-Amand-les-Eaux	3	D 2
St-Amand-Longpré	26	B 1
St-Amand-Montrond	27	D 3
St-Amans	44	A 1
St-Amans-des-Cots	43	D 1
St-Amans-Soult	51	D 1
St-Amant-Roche-Savine	36	A 2
St-Amant-Tallende	36	A 2
St-Amarin	21	C 3
St-Ambroix	44	B 2
St-Amé	20	B 3
St-Amour	30	A 3
St-André-de-Cubzac	41	C 1
St-André-de-l'Eure	16	B 1
St-André-de-Valborgne	44	A 3
St-André-les-Alpes	46	B 3
St-Anthème	36	A 2
St-Antonin-Noble-Val	42	B 3
St-Arnoult-en-Yvelines	17	C 2
St-Astier	33	D 3
St-Auban	46	B 3
St-Aubin-d'Aubigné	14	B 2
St-Aubin-du-Cormier	14	B 2
St-Aubin-sur-Mer	5	D 2
St-Aulaye	33	D 3
St-Avold	11	C 3
St-Aygulf	55	C 1
St-Béat	50	A 2
St-Beauzély	43	D 3
St-Benin-d'Azy	28	B 2
St-Benoît-du-Sault	27	C 3
St-Benoît-sur-Loire	17	D 3
St-Bertrand-de-Comminges	50	A 2
St-Blin	20	A 2
St-Bonnet-de-Joux	29	D 3
St-Bonnet-en-Champsaur	46	A 1
St-Bonnet-le-Château	36	B 3
St-Brevin-les-Pins	23	C 3
St-Briac-sur-Mer	4	A 3
St-Brice-en-Coglès	14	B 2
St-Brieuc	13	D 2
St-Calais	16	A 3
St-Cast-le-Guildo	4	A 3
St-Céré	43	C 1
St-Cernin	43	C 1
St-Chamas	53	D 2
St-Chamond	37	C 3
St-Chély-d'Apcher	44	A 1
St-Chély-d'Aubrac	43	D 2
St-Chinian	57	D 1
St-Ciers-sur-Gironde	33	C 3
St-Cirq-Lapopie	42	B 2
St-Clair-sur-l'Elle	5	C 2
St-Clar	42	A 3
St-Claud	33	D 2
St-Claude	30	B 3
St-Cyprien	42	A 1
St-Cyprien-Plage	57	D 3
St-Denis	17	D 1
St-Denis-d'Oléron	32	A 1
St-Denis-d'Orques	15	D 3
St-Didier-en-Velay	36	B 3
St-Dié-des-Vosges	21	C 2
St-Dier-d'Auvergne	36	A 2
St-Dizier	19	D 1
St-Donat-sur-l'Herbasse	37	D 3
St-Éloy-les-Mines	35	D 1
St-Émilion	41	C 1
St-Étienne	37	C 3
St-Étienne-Cantalès *(Barrage de)*	43	C 1
St-Étienne-de-Baïgorry	48	A 2
St-Étienne-de-Lugdarès	44	B 1
St-Étienne-de-Montluc	23	D 3
St-Étienne-de-St-Geoirs	37	D 3
St-Étienne-de-Tinée	47	C 3
St-Étienne-en-Dévoluy	46	A 1
St-Étienne-les-Orgues	46	A 3
St-Fargeau	28	A 1
St-Félicien	37	C 3
St-Firmin	46	A 1
St-Florent	55	D 2
St-Florent-le-Vieil	25	C 1
St-Florent-sur-Cher	27	D 2
St-Florentin	18	B 3
St-Flour	43	D 1
St-François-Longchamp	38	B 3
St-Fulgent	25	C 2
St-Galmier	36	B 2
St-Gaudens	50	A 2
St-Gaultier	27	C 3
St-Genest-Malifaux	37	C 3
St-Gengoux-le-National	29	D 3
St-Geniez-d'Olt	43	D 2
St-Genis-de-Saintonge	33	C 3
St-Genis-Laval	37	C 2
St-Genix-sur-Guiers	38	A 2
St-Geoire-en-Valdaine	38	A 3
St-Georges-de-Didonne	32	B 2
St-Georges-en-Couzan	36	B 2
St-Georges-sur-Loire	25	C 1
St-Germain-de-Calberte	44	B 2
St-Germain-des-Fossés	36	A 1
St-Germain-du-Bois	30	A 3
St-Germain-du-Plain	29	D 3
St-Germain-du-Teil	44	A 2
St-Germain-en-Laye	17	C 1
St-Germain-Laval	36	B 2
St-Germain-Lembron	36	A 3
St-Germain-les-Belles	34	B 2
St-Germain-l'Herm	36	A 3
St-Gervais-d'Auvergne	35	D 1
St-Gervais-les-Bains	38	B 1
St-Gervais-les-Trois-Clochers	26	A 2
St-Gervais-sur-Mare	52	A 2
St-Géry	42	B 2
St-Gildas *(Pointe de)*	23	C 3
St-Gildas-de-Rhuys	22	B 3
St-Gildas-des-Bois	23	C 3
St-Gilles	53	C 2
St-Gilles-Croix-de-Vie	24	B 3
St-Gingolph	31	C 3
St-Girons	50	B 2
St-Girons-Plage	40	A 3
St-Gobain	8	B 2
St-Guénolé	12	B 3
St-Guilhem-le-Désert	52	A 1
St-Haon-le-Châtel	36	B 1
St-Herblain	23	D 3
St-Hilaire	51	C 2
St-Hilaire-de-Riez	24	B 3
St-Hilaire-de-Villefranche	33	C 2
St-Hilaire-des-Loges	25	D 3
St-Hilaire-du-Harcouët	15	C 1
St-Hippolyte	31	C 1
St-Hippolyte-du-Fort	44	B 3
St-Honoré-les-Bains	29	C 2
St-Jacques-de-la-Lande	14	B 3
St-Jacut-de-la-Mer	14	A 1
St-James	14	B 2
St-Jean-Brévelay	13	D 3
St-Jean-Cap-Ferrat	47	D 3
St-Jean-d'Angély	33	C 1
St-Jean-de-Bournay	37	D 2

St-Jean-de-Daye .... **5 C 2**
St-Jean-de-Losne .... **30 A 2**
St-Jean-de-Luz .... **48 A 1**
St-Jean-de-Maurienne ..... **38 B 3**
St-Jean-de-Monts .... **24 A 2**
St-Jean-du-Bruel .... **44 A 3**
St-Jean-du-Gard .... **44 B 3**
St-Jean-en-Royans .... **45 D 1**
St-Jean-Pied-de-Port .... **48 B 2**
St-Jeoire .... **38 B 1**
St-Jouin-de-Marnes .... **25 D 2**
St-Juéry .... **43 C 3**
St-Julien .... **30 A 3**
St-Julien-Chapteuil .... **44 B 1**
St-Julien-de-Vouvantes ... **23 D 2**
St-Julien-du-Sault .... **18 A 3**
St-Julien-en-Genevois ..... **38 A 1**
St-Julien-l'Ars .... **26 A 3**
St-Junien .... **34 A 2**
St-Just-en-Chaussée .... **7 D 2**
St-Just-en-Chevalet .... **36 B 2**
St-Just-St-Rambert .... **36 B 3**
St-Justin .... **41 C 3**
St-Lary-Soulan .... **49 D 3**
St-Laurent-de-Chamousset . **37 C 2**
St-Laurent-de-la-Salanque .. **57 D 2**
St-Laurent-du-Pont .... **38 A 3**
St-Laurent-en-Grandvaux .... **30 B 3**
St-Laurent-les-Bains .... **44 B 2**
St-Laurent-Médoc .... **32 B 3**
St-Laurent-sur-Gorre .... **34 A 2**
St-Laurent-sur-Mer .... **5 C 2**
St-Laurent-sur-Sèvre ...... **25 C 2**
St-Léger-sous-Beuvray .... **29 C 2**
St-Léonard-de-Noblat ...... **34 B 2**
St-Lô .... **5 C 2**
St-Louis .... **31 D 1**
St-Loup-Lamairé .... **25 D 3**
St-Loup-sur-Semouse ..... **20 B 3**
St-Lunaire .... **4 A 3**
St-Lys .... **50 B 1**
St-Macaire .... **41 C 2**
St-Maixent-l'École .... **25 D 3**
St-Malo .... **4 B 3**
St-Malo-de-la-Lande .... **4 B 2**
St-Mamet-la-Salvetat ...... **43 C 1**
St-Mandrier-sur-Mer .... **54 A 2**
St-Marcellin .... **37 D 3**
St-Mars-la-Jaille .... **23 D 3**
St-Martin-d'Auxigny .... **27 D 2**
St-Martin-de-Belleville .... **38 B 3**

St-Martin-de-Crau .... **53 D 2**
St-Martin-de-Londres ...... **44 B 3**
St-Martin-de-Ré .... **32 A 1**
St-Martin-de-Seignanx .... **48 A 1**
St-Martin-de-Valamas ..... **45 C 1**
St-Martin-du-Canigou
  (Abbaye de) .... **51 D 3**
St-Martin-en-Bresse .... **29 D 3**
St-Martin-Vésubie .... **47 C 3**
St-Martory .... **50 A 2**
St-Mathieu .... **34 A 2**
St-Mathieu *(Pointe de)* .... **12 A 2**
St-Maximin-la-Ste-Baume ... **54 A 1**
St-Médard-en-Jalles .... **40 B 1**
St-Méen-le-Grand .... **14 A 2**
St-Michel .... **9 C 1**
St-Michel-de-Maurienne ... **38 B 3**
St-Michel-en-Grève .... **13 C 1**
St-Michel-en-l'Herm .... **25 C 3**
St-Michel-Mont-Mercure ... **25 C 2**
St-Mihiel .... **20 A 1**
St-Nazaire .... **23 C 3**
St-Nectaire .... **35 D 2**
St-Nicolas-d'Aliermont ...... **2 A 3**
St-Nicolas-de-la-Grave .... **42 A 3**
St-Nicolas-de-Port .... **20 B 1**
St-Nicolas-du-Pélem .... **13 C 2**
St-Omer .... **2 B 1**
St-Pair-sur-Mer .... **4 B 3**
St-Palais .... **48 B 1**
St-Palais-sur-Mer .... **32 B 2**
St-Pardoux-la-Rivière ...... **34 A 3**
St-Paul .... **47 C 3**
St-Paul-Cap-de-Joux ...... **51 C 1**
St-Paul-de-Fenouillet ...... **51 D 3**
St-Paul-sur-Ubaye .... **46 B 2**
St-Paul-Trois-Châteaux ... **45 C 2**
St-Paulien .... **36 B 3**
St-Pé-de-Bigorre .... **49 C 2**
St-Pée-sur-Nivelle .... **48 A 1**
St-Péray .... **45 C 1**
St-Père-en-Retz .... **23 C 3**
St-Philbert-de-Grand-Lieu ... **24 B 2**
St-Pierre-d'Albigny .... **38 A 2**
St-Pierre-de-Chartreuse ... **38 A 3**
St-Pierre-de-Chignac ...... **34 A 3**
St-Pierre-d'Oléron .... **32 B 1**
St-Pierre-Église .... **5 C 1**
St-Pierre-le-Moûtier .... **28 A 3**
St-Pierre-Quiberon .... **22 A 2**
St-Pierre-sur-Dives .... **6 A 3**

St-Pois .... **5 C 3**
St-Pol-de-Léon .... **12 B 1**
St-Pol-sur-Ternoise .... **2 B 2**
St-Pons-de-Thomières .... **51 D 1**
St-Porchaire .... **32 B 2**
St-Pourçain-sur-Sioule .... **36 A 1**
St-Privat .... **35 C 3**
St-Quay-Portrieux .... **13 D 1**
St-Quentin .... **8 B 2**
St-Rambert-d'Albon .... **37 C 3**
St-Rambert-en-Bugey ..... **37 D 1**
St-Raphaël .... **55 C 1**
St-Rémy-de-Provence ..... **45 C 3**
St-Rémy-sur-Durolle .... **36 A 2**
St-Renan .... **12 A 2**
St-Riquier .... **2 B 3**
St-Romain-de-Colbosc ...... **6 A 2**
St-Rome-de-Tarn .... **43 D 3**
St-Saëns .... **7 C 2**
St-Satur .... **28 A 1**
St-Saulge .... **28 B 2**
St-Sauveur-en-Puisaye .... **28 B 1**
St-Sauveur-le-Vicomte ...... **4 B 2**
St-Sauveur-Lendelin .... **5 C 2**
St-Sauveur-sur-Tinée ...... **47 C 3**
St-Savin *(Gironde)* .... **33 C 3**
St-Savin *(Vienne)* .... **26 B 3**
St-Savinien .... **33 C 2**
St-Seine-l'Abbaye .... **29 D 1**
St-Sernin-sur-Rance .... **43 D 3**
St-Servan-sur-Mer .... **4 B 3**
St-Sever .... **40 B 2**
St-Sever-Calvados .... **5 C 3**
St-Sulpice-les-Feuilles .... **34 B 1**
St-Symphorien .... **41 C 2**
St-Symphorien-de-Lay .... **36 B 2**
St-Symphorien-d'Ozon .... **37 C 2**
St-Symphorien-sur-Coise ... **37 C 2**
St-Thégonnec .... **12 B 1**
St-Trivier-de-Courtes ...... **30 A 3**
St-Trivier-de-Moignans .... **37 C 1**
St-Trojan-les-Bains .... **32 B 2**
St-Tropez .... **55 C 1**
St-Vaast-la-Hougue .... **5 C 1**
St-Valery-en-Caux .... **6 B 2**
St-Valery-sur-Somme .... **2 A 3**
St-Vallier .... **37 C 3**
St-Vallier-de-Thiey .... **47 C 3**
St-Varent .... **25 D 2**
St-Vaury .... **34 B 1**
St-Véran .... **47 C 1**

St-Vincent-de-Tyrosse .... 48 B 1
St-Vivien-de-Médoc .... 32 B 3
St-Wandrille-Rançon .... 6 B 2
St-Yorre .... 36 A 1
St-Yrieix-la-Perche .... 34 B 3
Ste-Adresse .... 6 A 2
Ste-Anne-d'Auray .... 13 D 3
La Ste-Baume .... 54 A 1
Ste-Croix-du-Mont .... 41 C 2
Ste-Croix-Volvestre .... 50 B 2
Ste-Enimie .... 44 A 2
Ste-Foy-la-Grande .... 41 D 1
Ste-Foy-l'Argentière .... 37 C 2
Ste-Geneviève-sur-Argence 43 D 1
Ste-Hélène .... 40 B 1
Ste-Hermine .... 25 C 3
Ste-Livrade-sur-Lot .... 41 D 2
Ste-Lucie-de-Tallano .... 55 D 3
Ste-Marie-aux-Mines .... 21 C 2
Ste-Marie-Sicché .... 55 D 3
Ste-Maure-de-Touraine ...... 26 B 2
Ste-Maxime .... 55 C 1
Ste-Menéhould .... 9 D 3
Ste-Mère-Église .... 5 C 2
Ste-Odile (Mont) .... 21 C 2
Ste-Sévère-sur-Indre .... 27 D 3
Ste-Suzanne .... 15 D 3
Ste-Tulle .... 46 A 3
Saintes .... 33 C 2
Stes-Maries-de-la-Mer .... 53 C 2
Saissac .... 51 C 1
Salbris .... 27 D 1
Salernes .... 54 B 1
Salers .... 35 D 3
Salies-de-Béarn .... 48 B 1
Salies-du-Salat .... 50 A 2
Salignac-Eyvigues .... 42 B 1
Salindres .... 44 B 3
Salins-les-Bains .... 30 B 2
Sallanches .... 38 B 1
Salles-Curan .... 43 D 3
Salles-d'Aude .... 52 A 3
Salon-de-Provence .... 53 D 2
Salses-le-Château .... 51 D 3
Salvagnac .... 42 B 3
La Salvetat-Peyralès .... 43 C 3
La Salvetat-sur-Agout .... 51 D 1
Salviac .... 42 B 1
Samatan .... 50 A 1
Samer .... 2 B 2
Samoëns .... 38 B 1

Sanary-sur-Mer .... 54 A 2
Sancergues .... 28 A 2
Sancerre .... 28 A 1
Sancoins .... 28 A 3
Sancy (Puy de) .... 35 D 3
Sanguinaires (Iles).............. 55 C 3
Sanguinet .... 40 B 2
Santo-Pietro-di-Tenda .... 55 D 2
Saorge .... 47 D 3
Saramon .... 50 A 1
Sarcelles .... 17 D 1
Sari-d'Orcino .... 55 D 3
Sarlat-la-Canéda .... 42 A 1
Sarralbe .... 11 C 3
Sarrans (Barrage de) .... 43 D 1
Sarre-Union .... 11 C 3
Sarrebourg .... 21 C 1
Sarreguemines .... 11 C 3
Sars-Poteries .... 9 C 1
Sartène .... 55 D 3
Sartilly .... 4 B 3
Sarzeau .... 22 B 2
Sassenage .... 38 A 3
Satillieu .... 37 C 3
Satolas-et-Bonce .... 37 D 2
Saugues .... 44 A 1
Saujon .... 32 B 2
Saulieu .... 29 C 1
Sault .... 45 D 3
Saulx .... 20 B 3
Saulxures-sur-Moselotte .... 21 C 3
Saumur .... 25 D 2
Sautet (Barrage du) .... 46 A 1
Sauve .... 44 B 3
Sauveterre-de-Béarn .... 48 B 1
Sauveterre-de-Guyenne ..... 41 C 1
Sauveterre-de-Rouergue .... 43 C 2
Sauxillanges .... 36 A 3
Le Sauze .... 46 B 2
Sauzé-Vaussais .... 33 D 1
Sauzon .... 22 A 3
Savenay .... 23 C 3
Saverdun .... 50 B 2
Saverne .... 21 C 1
Savignac-les-Églises .... 34 A 3
Savigny-sur-Braye .... 16 B 3
Savine (Col de la) .... 30 B 3
Savines-le-Lac .... 46 B 2
Scaër .... 13 C 3
Scey-sur-Saône-et-St-Albin . 20 A 3
Schirmeck .... 21 C 2

Schlucht (Col de la) .... 21 C 2
Seclin .... 3 C 2
Secondigny .... 25 D 3
Sedan .... 9 D 2
Séderon .... 45 D 2
Seebach .... 11 D 3
Sées .... 16 A 1
Segonzac .... 33 C 2
Segré .... 15 C 3
Seiches-sur-le-Loir .... 25 D 1
Seignelay .... 18 B 3
Seilhac .... 34 B 3
Sein (Ile de) .... 12 A 2
Seissan .... 50 A 1
Sélestat .... 21 D 2
Selles-sur-Cher .... 27 C 2
Sellières .... 30 A 2
Selommes .... 16 B 3
Selongey .... 30 A 1
Seltz .... 21 D 1
Semur-en-Auxois .... 29 C 1
Semur-en-Brionnais .... 36 B 1
Sénas .... 53 D 1
Senez .... 46 B 3
Senlis .... 8 A 3
Sennecey-le-Grand .... 29 D 3
Senonches .... 16 B 2
Senones .... 21 C 2
Sens .... 18 A 2
Sépeaux .... 18 A 3
Sermaize-les-Bains .... 19 D 1
Serre-Ponçon
    (Barrage et Lac de) .... 46 B 2
Serres .... 46 A 2
Serrières .... 37 C 3
Servian .... 52 A 2
Sète .... 52 B 2
Les Settons .... 29 C 2
Seurre .... 30 A 2
Sévérac-le-Château .... 43 D 2
Sévrier .... 38 A 2
Seyches .... 41 D 2
Seyne .... 46 B 2
La Seyne-sur-Mer .... 54 A 2
Seyssel .... 38 A 1
Sézanne .... 18 B 1
Sierck-les-Bains .... 10 B 2
Sierentz .... 21 D 3
Sigean .... 52 A 3
Signy-l'Abbaye .... 9 C 2
Sillé-le-Guillaume .... 15 D 2

Sissonne	8	B 2
Sisteron	46	A 2
Six-Fours-les-Plages	54	A 2
Sizun	12	B 2
Soccia	55	D 2
Sochaux	31	C 1
Soissons	8	B 3
Solenzara	55	D 3
Solesmes *(Nord)*	3	D 3
Solesmes *(Sarthe)*	15	D 3
Solignac	34	B 2
Solignac-sur-Loire	44	B 1
Solliès-Pont	54	B 2
Solre-le-Château	9	C 1
Sombernon	29	D 1
Sommesous	19	C 1
Sommières	44	B 3
Somport *(Col du)*	49	C 3
Songeons	7	C 2
Sore	41	C 2
Sorgues	45	C 3
Sospel	47	D 3
Souesmes	27	D 1
Soufflenheim	21	D 1
Souillac	42	B 1
Souilly	10	A 3
Soulac-sur-Mer	32	B 2
Soulaines-Dhuys	19	C 2
Soultz-Haut-Rhin	21	C 3
Soultz-sous-Forêts	11	D 3
Souppes-sur-Loing	17	D 2
Sourdeval	5	C 3
Sournia	51	D 3
Sousceyrac	43	C 1
Soustons	40	A 3
La Souterraine	34	B 1
Souvigny	28	B 3
Spincourt	10	A 3
Steenvoorde	3	C 1
Stenay	9	D 2
Strasbourg	21	D 1
Suippes	9	C 3
Sully-sur-Loire	17	D 3
Super-Besse	35	D 3
Surgères	32	B 1
Survilliers	7	D 3
La Suze-sur-Sarthe	15	D 3

T

Tain-l'Hermitage	37	C 3
Tallard	46	A 2
Talloires	38	A 2
Talmont-St-Hilaire	24	B 3
Tancarville *(Pont de)*	6	A 2
Taninges	38	B 1
Tanlay	19	C 3
Tarare	37	C 2
Tarascon	45	C 3
Tarascon-sur-Ariège	50	B 3
Tarbes	49	D 2
Tardets-Sorholus	48	B 3
Targon	41	C 1
Tarnos	48	A 1
Tartas	40	B 3
Tassin-la-Demi-Lune	37	C 2
Taulé	12	B 1
Tauves	35	D 2
Tavaux	30	A 3
Tavernes	54	A 1
Le Teil	45	C 2
Le Teilleul	15	C 2
Tence	36	B 3
Tende	47	D 3
Tende *(Col de)*	47	D 2
Tergnier	8	B 2
Terrasson-Lavilledieu	34	B 3
Terrenoire	37	C 3
Tessy-sur-Vire	5	C 3
La Teste-de-Buch	40	B 1
Thann	21	C 3
Thaon-les-Vosges	20	B 2
Le Theil	16	A 3
Thénezay	26	A 3
Thenon	34	A 3
Théoule-sur-Mer	55	C 1
Thérouanne	2	B 2
Thèze	49	C 1
Thiaucourt-Regniéville	20	A 1
Thiberville	6	A 3
Thiéblemont-Farémont	19	C 1
Thiers	36	A 2
Le Thillot	21	C 3
Thionville	10	B 3
Thiviers	34	A 3
Thizy	36	B 1
Thoissey	37	C 1
Thollon-les-Mémises	31	C 3
Thônes	38	B 1
Thonon-les-Bains	31	C 3
Thorens-Glières	38	B 1
Thouarcé	25	D 1
Thouars	25	D 2
Thueyts	44	B 1
Thuir	51	D 3
Thury-Harcourt	5	D 3
Tiercé	25	D 1
Tignes	39	C 2
Tignes *(Barrage de)*	39	C 2
Tillières-sur-Avre	16	B 1
Tilly-sur-Seulles	5	D 2
Tinchebray	5	D 3
Tinténiac	14	B 2
Tombebœuf	41	D 2
Tonnay-Boutonne	33	C 3
Tonnay-Charente	32	B 1
Tonneins	41	D 2
Tonnerre	18	B 3
Torcy	17	D 1
Torigni-sur-Vire	5	C 3
Tôtes	6	B 2
Toucy	18	A 3
Toul	20	A 1
Toulon	54	A 2
Toulon-sur-Arroux	29	C 3
Toulouse	50	B 1
Le Touquet-Paris-Plage	2	A 2
La Tour-d'Auvergne	35	D 2
La Tour-du-Pin	37	D 2
La Tour-Fondue	54	B 2
Tourcoing	3	D 1
Tourmalet *(Col du)*	49	C 2
Tournan-en-Brie	17	D 1
Tournay	49	D 2
Tournoël *(Château de)*	35	D 2
Tournon-d'Agenais	42	A 2
Tournon-St-Martin	26	B 3
Tournon-sur-Rhône	37	C 3
Tournus	29	D 3
Tourouvre	16	A 1
Tours	26	B 1
Toury	17	C 2
La Toussuire	38	B 3
Toutes Aures *(Col de)*	46	B 3
Le Touvet	38	A 3
La Tranche-sur-Mer	24	B 3
Le Trayas	55	C 1
Trébeurden	13	C 1
Tréboul	12	B 2
Treffort	37	D 1
Trégastel	13	C 1
Tréguier	13	C 1
Treignac	34	B 2
Trélon	9	C 1

La Tremblade .... **32** B 2
Le Tréport .... **2** A 3
Trets .... **54** A 1
Trèves .... **44** A 3
Trévières .... **5** C 2
Trévoux .... **37** C 1
Triaucourt-en-Argonne .... **19** D 1
Trie-sur-Baïse .... **49** D 1
La Trimouille .... **26** B 3
La Trinité-Porhoët .... **13** D 3
La Trinité-sur-Mer .... **22** B 2
Troarn .... **5** D 2
Les Trois-Épis .... **21** C 2
Les Trois-Moutiers ...... **26** A 2
Troo .... **16** A 3
Trouville-sur-Mer .... **6** A 3
Troyes .... **18** B 2
Truchtersheim .... **21** D 1
Trun .... **15** D 1
Tuchan .... **51** D 2
Tuffé .... **16** A 3
Tulle .... **34** B 3
Tullins .... **37** D 3
La Turballe .... **22** B 3
La Turbie .... **47** D 3
Turckheim .... **21** C 2
Turriers .... **46** B 2

U

Uckange .... **10** B 3
Ugine .... **38** B 2
Urdos .... **49** C 2
Urepel .... **48** A 2
Uriage-les-Bains .... **38** A 3
Ury .... **17** D 2
Ussat .... **50** B 3
Ussé .... **26** A 2
Ussel .... **35** C 2
Ustaritz .... **48** A 1
Utelle .... **47** C 3
Uzel .... **13** D 2
Uzerche .... **34** B 3
Uzès .... **45** C 3

V

Vabre .... **51** D 1
Vaiges .... **15** D 3
Vailly-sur-Aisne .... **8** B 3
Vailly-sur-Sauldre ...... **28** A 1
Vaison-la-Romaine ...... **45** D 2
Le Val-André .... **13** D 1

Le Val-d'Ajol .... **20** B 3
Val-de-Reuil .... **7** C 3
Val-d'Isère .... **39** C 2
Val-Thorens .... **38** B 3
Valberg .... **47** C 3
Valbonnais .... **46** A 1
Valdahon .... **30** B 2
Valderiès .... **43** C 3
Valençay .... **27** C 2
Valence .... **45** C 1
Valence-d'Agen .... **42** A 3
Valence-d'Albigeois .... **43** C 3
Valence-sur-Baïse ..... **41** B 3
Valenciennes .... **3** D 2
Valensole .... **46** A 3
Valentigney .... **31** C 1
Valgorge .... **44** B 2
Valleraugue .... **44** A 3
Vallet .... **23** D 3
Valloire .... **38** B 3
Vallon-en-Sully .... **28** A 3
Vallon-Pont-d'Arc ...... **45** C 2
Vallorcine .... **39** C 1
Vallouise .... **46** B 1
Valmont .... **6** A 2
Valmorel .... **38** B 3
Valognes .... **4** B 1
Valras-Plage .... **52** A 3
Valréas .... **45** D 2
Vals-les-Bains .... **45** C 1
Vannes .... **22** B 2
Les Vans .... **44** B 2
Vaour .... **42** B 3
Varades .... **25** C 1
Varengeville-sur-Mer ..... **6** B 1
Varennes-en-Argonne .... **9** D 3
Varennes-sur-Allier .... **36** A 1
Varennes-sur-Amance .. **20** A 3
Varilhes .... **50** B 2
Vars .... **46** B 1
Vars (Col de) .... **46** B 2
Varzy .... **28** B 1
Vassieux-en-Vercors ... **45** D 1
Vassy .... **5** D 3
Vatan .... **27** C 2
Vaucouleurs .... **20** A 1
Vauvert .... **53** C 2
Vauvillers .... **20** B 3
Vaux-le-Vicomte
    (Château de) .... **17** D 2
Vayrac .... **42** B 1

Vélines .... **41** D 1
Venaco .... **55** D 2
Venarey-les-Laumes .... **29** C 1
Vence .... **47** C 3
Vendeuvre-sur-Barse .... **19** C 2
Vendôme .... **16** B 3
Ventadour (Ruines de) .. **35** C 3
Ventoux (Mont) .... **45** D 3
Verberie .... **8** A 3
Vercel-Villedieu-le-Camp ... **30** B 2
Verde (Col de) .... **55** D 3
Verdon (Grand Canyon du) .. **46** A 3
Le Verdon-sur-Mer ..... **32** B 2
Verdun .... **10** A 3
Verdun-sur-Garonne .... **42** A 3
Verdun-sur-le-Doubs ... **29** D 2
Vergio (Col de) .... **55** D 2
Vergt .... **42** A 1
Vermand .... **3** D 3
Vermenton .... **28** B 1
Vernet-les-Bains .... **51** D 3
Verneuil-sur-Avre ...... **16** B 1
Vernon .... **7** C 3
Vernoux-en-Vivarais ... **45** C 1
Verny .... **10** B 3
La Verpillière .... **37** D 2
Versailles .... **17** D 1
Verteillac .... **33** D 3
Vertus .... **18** B 1
Vervins .... **8** B 2
Verzy .... **9** C 3
Vescovato .... **55** D 2
Vesoul .... **30** B 1
Veules-les-Roses .... **6** B 2
Veulettes-sur-Mer .... **6** B 2
Veynes .... **46** A 2
Veyre-Monton .... **36** A 2
Veyrier-du-Lac .... **38** A 2
Vézelay .... **28** B 1
Vézelise .... **20** B 2
Vézénobres .... **44** B 3
Vézins-de-Lévézou ..... **43** D 2
Vezzani .... **55** D 2
Vias .... **52** A 2
Vibraye .... **16** A 3
Vic-en-Bigorre .... **49** D 1
Vic-Fezensac .... **41** D 3
Vic-le-Comte .... **36** A 2
Vic-sur-Aisne .... **8** A 3
Vic-sur-Cère .... **43** D 1
Vicdessos .... **50** B 3

Vichy .... **36** A 1
Vico .... **55** D 2
Vidauban .... **54** B 1
Vielle-Aure .... **49** D 3
Vielmur-sur-Agout .... **51** C 1
Vienne .... **37** C 2
Vierzon .... **27** D 2
Vieux-Boucau-les-Bains .... **40** A 3
Vif .... **38** A 3
Le Vigan .... **44** A 3
Vigeois .... **34** B 3
Les Vignes .... **44** A 2
Vigneulles-
   lès-Hattonchâtel .... **10** A 3
Vignory .... **19** D 2
Vihiers .... **25** D 2
Villaines-la-Juhel .... **15** D 2
Villandraut .... **41** C 2
Villandry .... **26** A 1
Villard-de-Lans .... **37** D 3
Villars-les-Dombes .... **37** D 1
Villé .... **21** C 2
Ville-en-Tardenois .... **8** B 3
Ville-sur-Tourbe .... **9** D 3
Villebois-Lavalette .... **33** D 3
La Villedieu-du-Clain .... **26** A 3
Villedieu-les-Poêles .... **5** C 3
Villefagnan .... **33** D 1
Villefort .... **44** B 2
Villefranche-d'Albigeois ..... **43** C 3
Villefranche-de-Lauragais .... **51** C 1
Villefranche-de-Lonchat ..... **41** D 1
Villefranche-de-Rouergue .. **43** C 2
Villefranche-du-Périgord ... **42** A 2
Villefranche-sur-Cher .... **27** C 1
Villefranche-sur-Mer .... **47** C 3
Villefranche-sur-Saône ...... **37** C 1
Villemur-sur-Tarn .... **42** B 3
Villenauxe-la-Grande .... **18** B 1
Villeneuve .... **43** C 2
Villeneuve-d'Ascq .... **3** D 2
Villeneuve-de-Berg .... **45** C 2
Villeneuve-de-Marsan .... **41** C 3
Villeneuve-l'Archevêque ..... **18** B 2
Villeneuve-lès-Avignon ...... **45** C 3
Villeneuve-sur-Lot .... **42** A 2
Villeneuve-sur-Yonne .... **18** A 3
Villeréal .... **42** A 2
Villers-Bocage *(Calvados)* ...... **5** D 3
Villers-Bocage *(Somme)* .... **2** B 3
Villers-Bretonneux .... **3** C 3

Villers-Cotterêts .... **8** A 3
Villers-Farlay .... **30** B 2
Villers-le-Lac .... **31** C 2
Villers-sur-Mer .... **6** A 3
Villersexel .... **30** B 1
Villerupt .... **10** B 2
Villerville .... **6** A 3
Villiers-St-Georges .... **18** A 1
Vimoutiers .... **16** A 1
Vinay .... **37** D 3
Vinça .... **51** D 3
Vire .... **5** C 3
Vireux-Wallerand .... **9** D 1
Virieu .... **37** D 3
Virieu-le-Grand .... **38** A 2
Vitré .... **14** B 2
Vitrey-sur-Mance .... **20** A 3
Vitry-en-Artois .... **3** C 2
Vitry-le-François .... **19** C 1
Vitteaux .... **29** D 1
Vittel .... **20** A 2
Viverols .... **36** B 3
Le Vivier-sur-Mer .... **14** B 1
Viviers .... **45** C 2
Vivonne .... **26** A 3
Vizille .... **38** A 3
Vizzavona .... **55** D 2
Void .... **20** A 1
Voiron .... **38** A 3
Voiteur .... **30** A 3
Volmunster .... **11** D 3
Volonne .... **46** A 3
Volvic .... **35** D 2
Volx .... **46** A 3
Vonnas .... **37** D 1
Voreppe .... **38** A 3
Vorey .... **36** B 3
Vouillé .... **26** A 3
La Voulte-sur-Rhône .... **45** C 1
Vouvant .... **25** C 3
Vouvray .... **26** B 1
Vouziers .... **9** D 3
Voves .... **17** C 2

W

Wangenbourg .... **21** C 1
La Wantzenau .... **21** D 1
Wasselonne .... **21** D 1
Wassigny .... **3** D 3
Wassy .... **19** D 2
Wimereux .... **2** A 1

Wintzenheim .... **21** C 2
Wissant .... **2** A 1
Wissembourg .... **11** D 3
Wœrth .... **11** D 3
Woippy .... **10** B 3
Wormhout .... **3** C 1

X

Xertigny .... **20** B 3

Y

Yenne .... **38** A 2
Yerville .... **6** B 2
Yeu .... **24** A 3
Yport .... **6** A 2
Yssingeaux .... **36** B 3
Yvetot .... **6** B 2
Yvoire .... **30** B 3
Yzeure .... **28** B 3

Z

Zicavo .... **55** D 3
Zonza .... **55** D 3

Légende

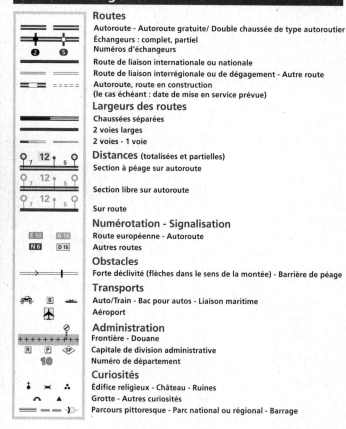

Routes

Autoroute - Autoroute gratuite/ Double chaussée de type autoroutier
Échangeurs : complet, partiel
Numéros d'échangeurs

Route de liaison internationale ou nationale
Route de liaison interrégionale ou de dégagement - Autre route
Autoroute, route en construction
(le cas échéant : date de mise en service prévue)

Largeurs des routes

Chaussées séparées
2 voies larges
2 voies - 1 voie

Distances (totalisées et partielles)

Section à péage sur autoroute

Section libre sur autoroute

Sur route

Numérotation - Signalisation

Route européenne - Autoroute
Autres routes

Obstacles

Forte déclivité (flèches dans le sens de la montée) - Barrière de péage

Transports

Auto/Train - Bac pour autos - Liaison maritime
Aéroport

Administration

Frontière - Douane
Capitale de division administrative
Numéro de département

Curiosités

Édifice religieux - Château - Ruines
Grotte - Autres curiosités
Parcours pittoresque - Parc national ou régional - Barrage

Dressée par la Manufacture Française des Pneumatiques MICHELIN
© 2009 Michelin, Propriétaires-éditeurs
Société en commandite par actions au capital de 304 000 000 EUR.
R.C.S. Clermont-Fd B 855 200 507
Place des Carmes-Déchaux - 63 Clermont-Ferrand (France)
Imprimé en Italie - La Tipografica Varese - 21100 Varese
Made in France - DL : NOVEMBRE 2009